その次の季節

高知県被曝者の肖像

浦木元空

まえがき

甫木元 空

簡単な自己紹介からはじめたいと思います。甫木元空《ほきもとそら》と申します。生まれ育った埼玉県から、２０１７年に母の故郷で、いまも祖父が住む高知県の四万十《しまんと》町に移住しました。21年現在、同地を拠点に映画制作や音楽活動をしています。

僕の亡父は劇作家で、生前には、ビキニ事件で死の灰を浴びた焼津のマグロ漁船、第五福竜丸を題材とした舞台を構想していました。父の作品は実現しませんでしたが、実家にはビキニ事件や核被災にまつわる本がたくさん残されていたため、僕もそれらを通して事件に関する最低限の知識は持ち合わせていました。しかし、移住当初は、高知県に被曝者がいるということを知りませんでした。

転機は高知県の元高校教師、山下正寿《まさとし》さんとの出会いです。山下さんは現役教師の頃、県西南部の高校生による自主ゼミ「幡多《はた》高校生ゼミナール（幡多ゼミ）」の顧問を務め、高校生と共に地元の被曝者の方々へのフィールドワークを継続的に実施し、高知のビキニ事件被害の解明に大きく貢献した人です。

僕が仕事で入った撮影の現場で偶然山下さんと話す機会があり、そこで高知県にもビキニ事件の被曝者がいることを知りました。最初はそうした人々の記録を残すこと自体に意義があると思い、山下さんから紹介を受けて、関係者に話を聞きにいきました。

被曝した当事者やそのご遺族の方は、まるで人生の記憶のなかに付箋が貼られていて、そのページを開くかのように、自然に事件当時の話をしてくれます。その姿を見て、「ビキニ事件について教えてください」と直接的に訊ねることだけはしないようにしようと決めました。僕が残したいと思ったのは、たとえば家族のことや漁師としての経験の話、いま向き合っている相手の人生がどのようなものであったのか――記号的な「被曝者」、「被害者」としての証言ではなく、70年前の事件が、いまに繋がっている普通の人を巻き込んだということの軌跡でした。

個展名、作品名として付した「その次の季節」という言葉は、高知県須崎市出身の詩人・大崎二郎（1928～2017）が1953年に刊行した第一詩集のタイトルから採っています。大崎さんは学徒動員によって中国に派遣され、終戦後に帰国してから詩人として活動を始めました。だからこそ、悲惨な戦争を経た私たちはどのように生きていくべきなのか、「その次の季節」をどのように過ごさないといけないのかを身をもって体験し熟考して作品を作った人です。

平成生まれの僕自身は、その次の次の次くらいの世代にあたりますが、戦争を語る声が途絶えようとしている現在だからこそ、改めてこの言葉がこれからを考える言葉になるのではないかと思っています。

ほきもと・そら（映画作家）

南洋にふる雪

―ある漁船員の死―

大崎二郎

宿毛市小筑紫町、内外の浦
海の見える小高い山の　木立を伐りはらい
ぽっかり明るい日差しの中に
たどたどしい　木の葉の風が吹いている
少年　S・Fは
磨かれた一面の石に刻まれ
ここにねむる
片親の母を助け
15歳の少年が学業をすて
鮪船に乗り組んだ
稚くもひたむきな
一篇の望郷詩片がある

じっと目を閉じ
わが遠きふるさとの岸辺
父母の面影を思い起こさむ
ただ　いたづらにそれのみ
さざ波の泡立つ海へ歩みゆく
さながら自殺する如く　にぞ

どこを向いても海と空ばかり
その果てへ鮪を追ってゆく

海面をしばいて唸るロープ
鳶口ぶちこまれ血しぶきあげる
丸太のような鮪《いお》　鮪《いお》たち
激しく痙攣して　死んでゆくものたちよ
濃いインジゴの海面に
日の熱射と塩鹹い風の粒々
その果てにいのちの消耗がある
ふと
己れの姿が　黒い影絵となって収斂し
海底深く引きずりこまれていく
錯覚におそわれることがある

雪が降った
ま夏の南洋である
ふわふわ　灰色の
雪のような
それは　灰だった
デッキにもキャビンにも
うっすらと積もった
〈おお　南洋の雪じゃ〉と
両掌でかき集め
頬ばってみせる剽げ者もいた

闇夜の水平線に忽然と太陽がのぼり
どろりと熟柿のように爛れて
2時間も3時間も
異様に照り　輝き
暗紫色の　茸状の
ケムリともクモともつかぬ
異様のものが　わきあがり
そのご激しいスコールがきた
塩漬けの男達は
海水風呂よりは好んで天の水を浴びた
掌にうけて啜りのんだ
それが　放射能雨とは知る由もなかった

無線が頻繁に風向きの変化を告げ
漁場の変更を打電しはじめた
南洋に降る雪も
真夜中に照る太陽も
〈原水爆の実験のせいである〉と

ヒロシマ〝原爆の絵〟のゆうれいが
夜のデッキや船艙のへりに

ふわあと現れ　己れの影絵となってゆく錯覚にもとらわれた

夜、人知れずぬけ毛を海へ流す者がいた
艫《とも》にしゃがんでひそかに嘔吐する者もいた
少年もまた
かつてない消耗の激しさに怯えはじめ
緑滴る　故郷小筑紫、内外の浦を
しきりに恋うた

この頃、アメリカ、イギリスなど太平洋中西部で92回も原水爆実験を行っていた
威力はヒロシマ原爆の実に六千数百発分に当たるという

放射能まみれの毒鮪をたっぷり積んで
船脚重く帰港する　夜の甲板で
彼は疲労困憊し
故郷、内外の浦の岨道を
息切れしながら　一歩　一歩
死への坂道を踏みしめ上ってゆく
己れの影をおもいえがいていた………
既に母は亡く　肉親は嫁いで横須賀に住む姉一人だけ
…………

闇の空から
ひらひら　ひらひら
際限なく降りしきる
南洋の雪が
船のライトに浮かびあがっては
海にとけていった

横須賀入港ご
即入院
深更〈今すぐ病院に来て〉と
姉に電話する　が
〈面会時間もすぎているから明朝にして〉
と、電話は切れた

はるかに遠ざかる夜更けだった
朝はあまりにとおすぎ
彼は　帰り道のように歩み
海へと歩み
入水・自殺

　ニュースは「原爆鮪」を連日報道
命がけでとった鮪は　埋立て廃棄

日・米政府は〝魚価の補償〟に限る形で
政治決着を図った　が
船員の健康問題は完全に無視された
被曝日本漁船は８５６隻　その約1/3
延べ２７０隻が高知の船だった
慰謝料８，７００万円　一隻（20人乗組）当たり
49万円
これが生命の値段であった

参考　高知新聞〈灰滅の海から〉

『大崎二郎全詩集』コールサック社
［初出『二人』No.254　2005年］

目次

Contents

凡　例

本書は、高知県須崎市の「すさきまちかどギャラリー/旧三浦邸」で、2021年6月12日から7月4日まで開催した「甫木元空 個展 その次の季節」の展覧会図録である。

図版は展示風景を除き、すべて甫木元空《顔》《その次の季節》の場面写真である。


本書および展覧会名、作品名「その次の季節」は、大崎二郎の同名詩集および詩篇名から引用している。

本書に収録した詩篇「南洋にふる雪　―ある漁船員の死―」「魚」「海」は、『大崎二郎全詩集』(2010年、コールサック社)を底本としており、明らかな誤植は改めた。

本書および甫木元空《声》に採用した「海」は、前掲書420頁の詩篇(初出は1970年1月1日発行の高知新聞)である。前掲書365頁の同名詩は詩集『その夜の記録』(1972年発行)収録時に改稿されている。

「南洋にふる雪　―ある漁船員の死―」は、ビキニ事件を取材した新聞連載に着想を得て書かれているが、史実とは異なる表現が一部に見られる。

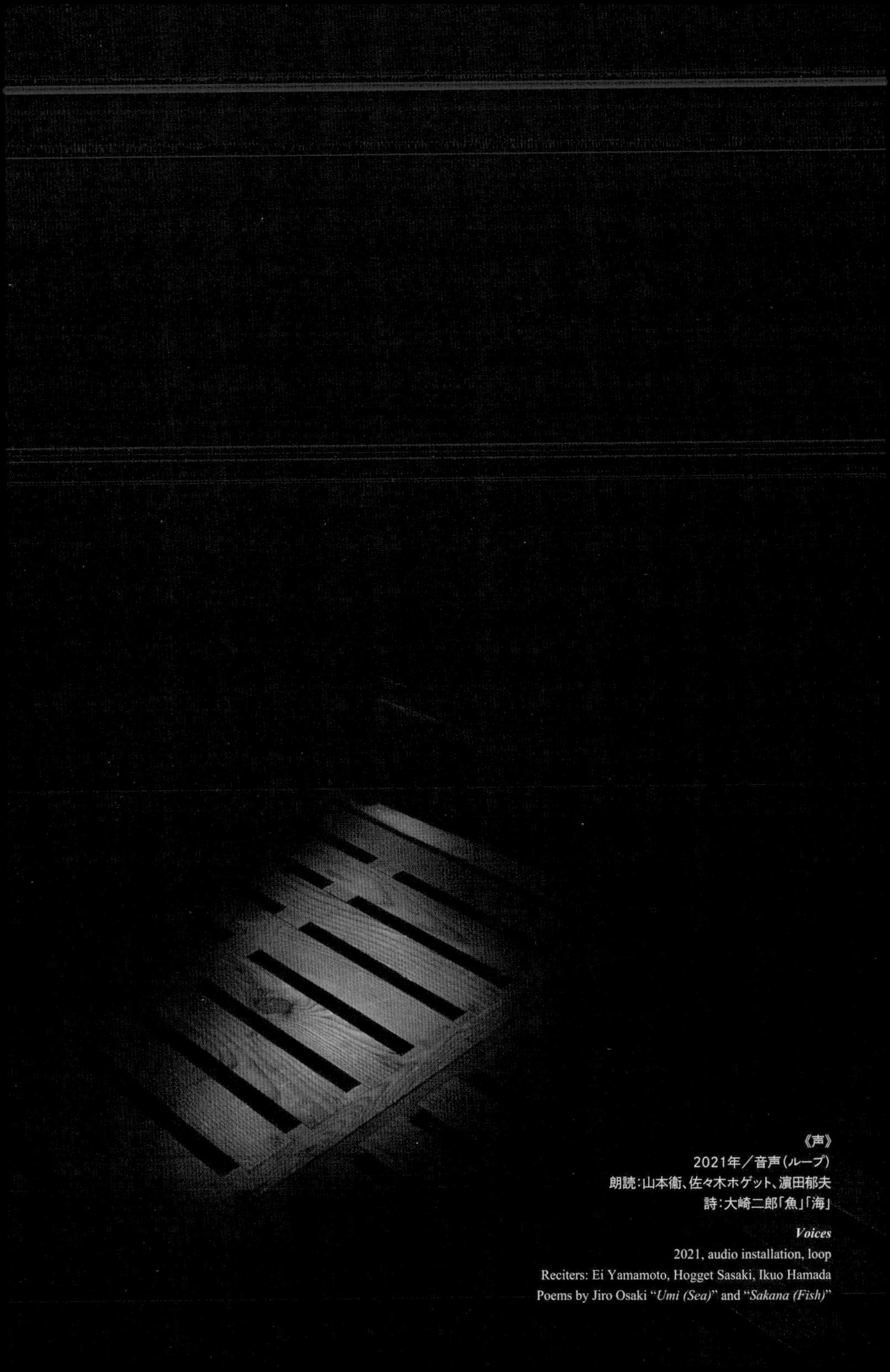

《声》
2021年／音声（ループ）
朗読：山本衛、佐々木ホゲット、濵田郁夫
詩：大崎二郎「魚」「海」

Voices
2021, audio installation, loop
Reciters: Ei Yamamoto, Hogget Sasaki, Ikuo Hamada
Poems by Jiro Osaki “*Umi (Sea)*” and “*Sakana (Fish)*”

魚

大崎二郎

灯　一点なし

まっくらい大洋に漂い
一本の釣糸を垂れている
垂れてまつ
幼年の方から泳ぎくる一匹の魚

ぼうばくとはかりがたい
海の量の
その一点に泳ぎいたる魚を待つ
一匹の宇宙を
一匹の恐怖の手ごたえを待つ
そのあまりに空しい所業のゆえに
充実して空にあふれる時間
少年は夏であり
鼻に入る海水《しおみず》の鹹さを
重たすぎる昼寝をむさぼる

夜明け近くではねまわる一匹の魚を
俺はしめころすのだ

［初出『二人』No.29　1967年］

海

大崎二郎

それを語りえたものはいない
海を、知っているとは
己れをしっているというにひとしく傲慢だ

海、永遠にひとつの呪文を囁きつづけるもの
何たる恐怖と、倦怠そのものであろうか
とざされた闇のなかで
かすかにふるえる一輪の白いばら
その花弁のなかに一滴の涙となって結晶してゆく辛い海よ
私がそれを思うとき、きまって不気味な樹の幻覚におそわれるのだ
肥洋たるそのひろがりのはてに
思惟の枝葉をしげらせる一本の透明な樹の幻ていていと高く
私はまだその梢をみたことがない
いつからその樹をゆめみるようになったのか

あの　海いちめん燃えつづけた時代からだろうか
否、私がまだ海の胎内にあった頃からか
もっとも私は長いあいだ
荒々しい酔いの海を漂っていたようにも思う
言訳けはすまい
今では記憶だけが饒舌なのだ
豊富なものはそれだけだ。

海は一絃の琴のように夜の空をひびきわたり
時に息をのんで声もない
うずきやまぬ心の海で
今日もまぼろしの樹から
雪をまじえて降りしきる言葉、枯葉
その下で老僧がひとり落葉を掃いている
海はしだいに凍りはじめ
素足の僧の吐く息が白い
掃いたあとに容赦なく又落葉がふりつみ
掃きあつめた落葉は再び風にまいたち
それでもだまって掃いている
空を仰がずに　だまって
生きる、とはそういうことかも知れぬ。

［初出『高知新聞』1970年1月1日］

《顔》
2021年／3チャンネル・ビデオ／15分

Faces
2021, 3 channel video installation, 15 min.

《顔》
2021年／3チャンネル・ビデオ／15分

Faces

2021, 3 channel video installation, 15 min.

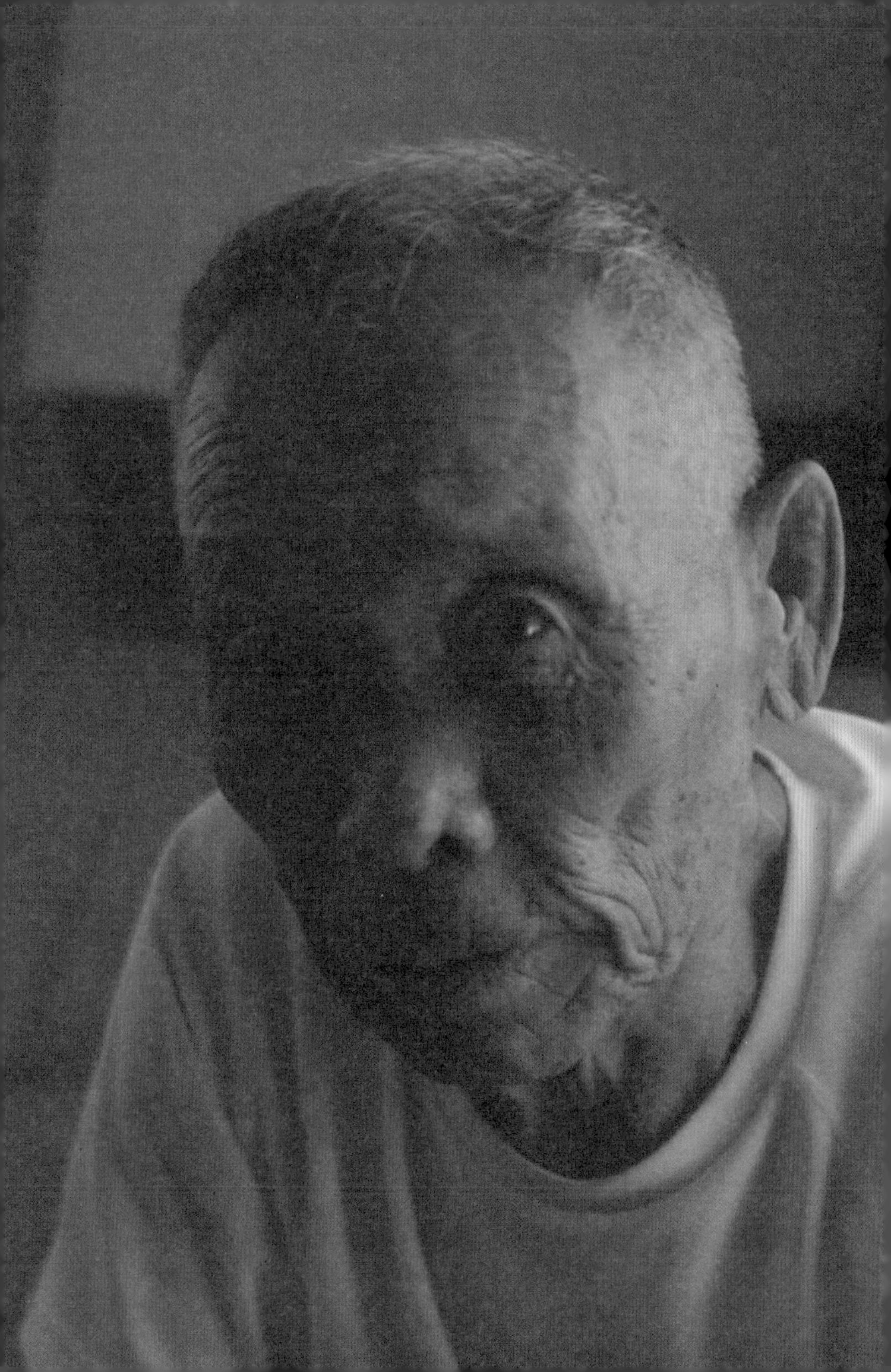

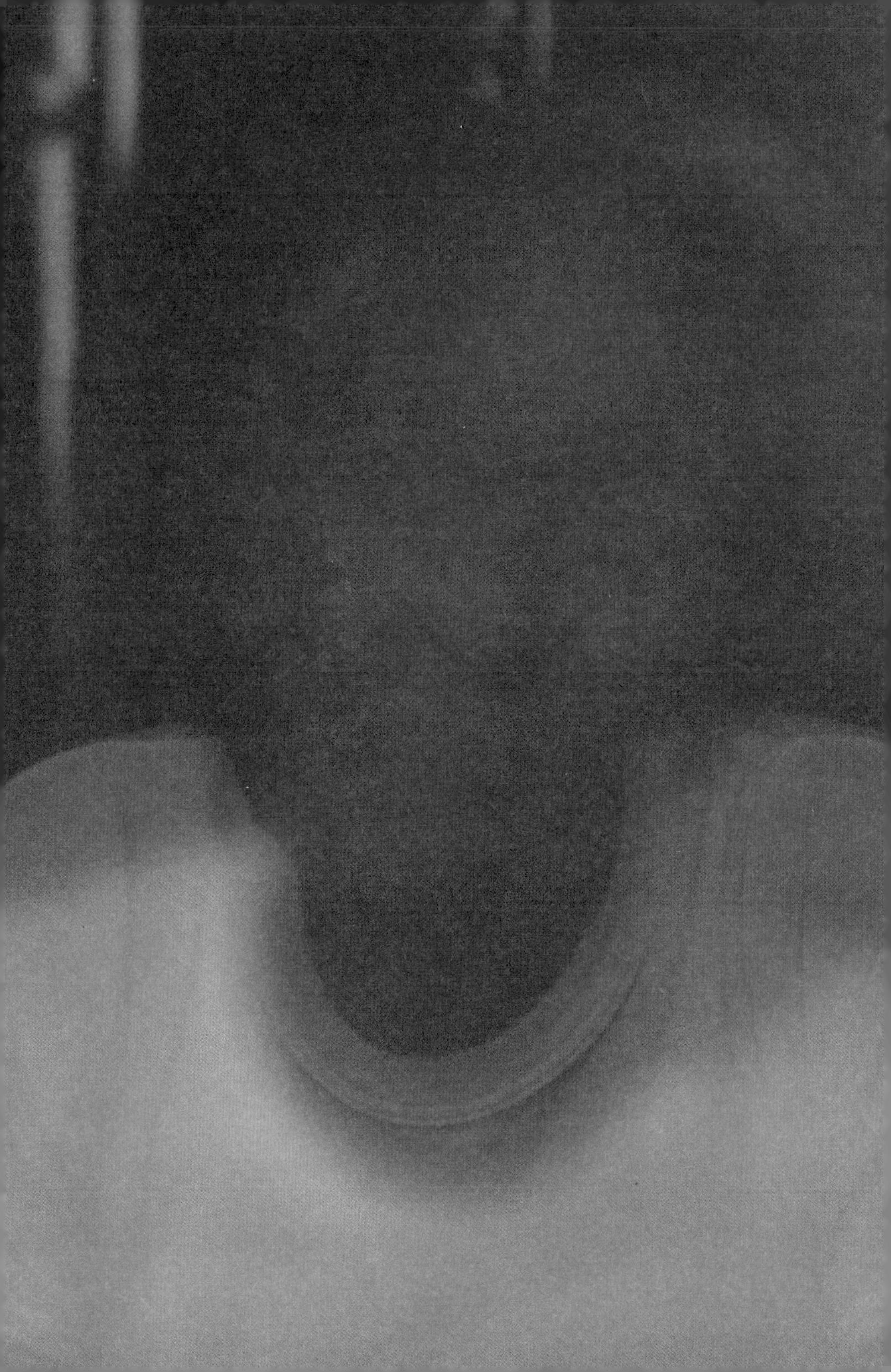

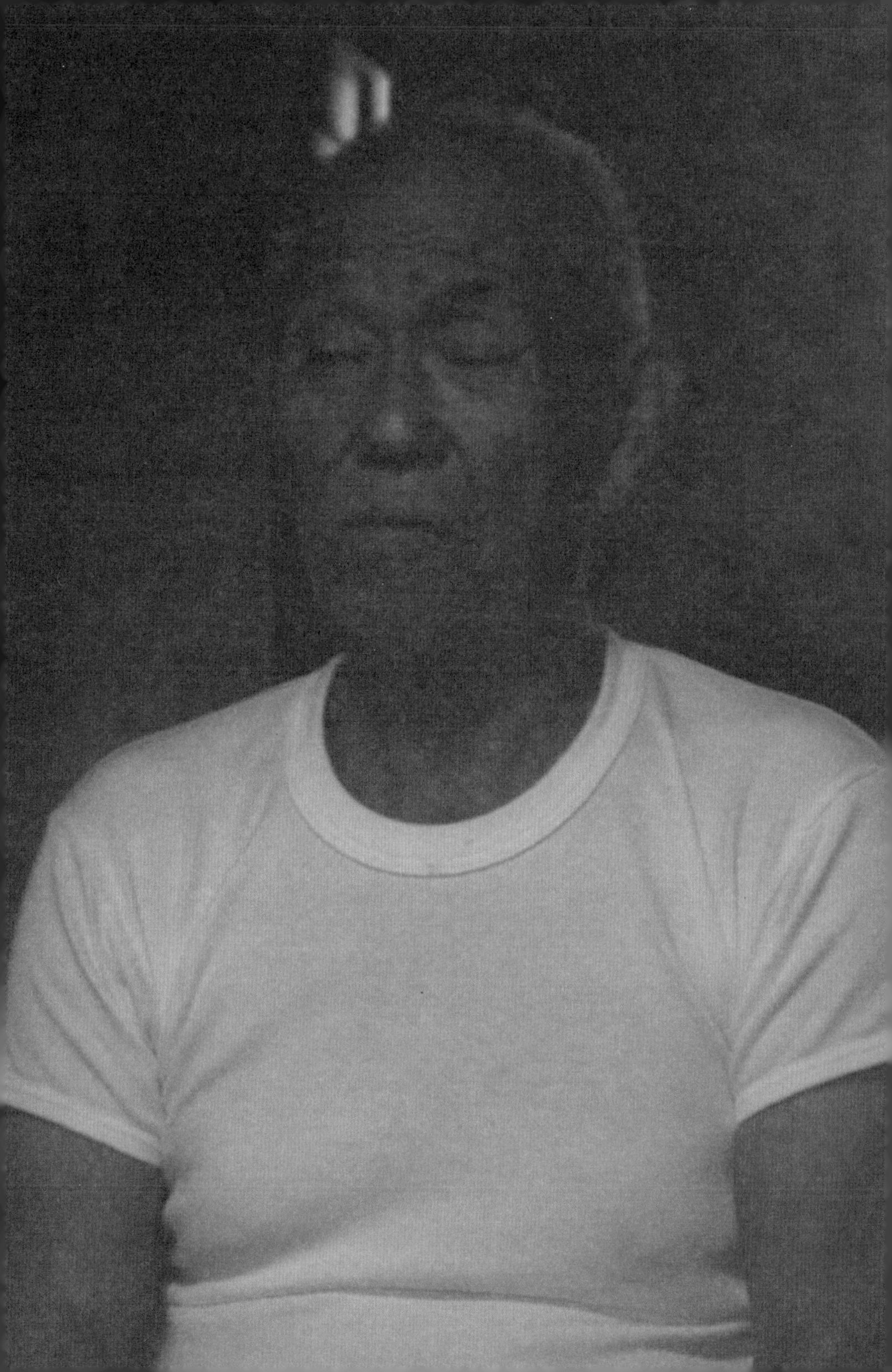

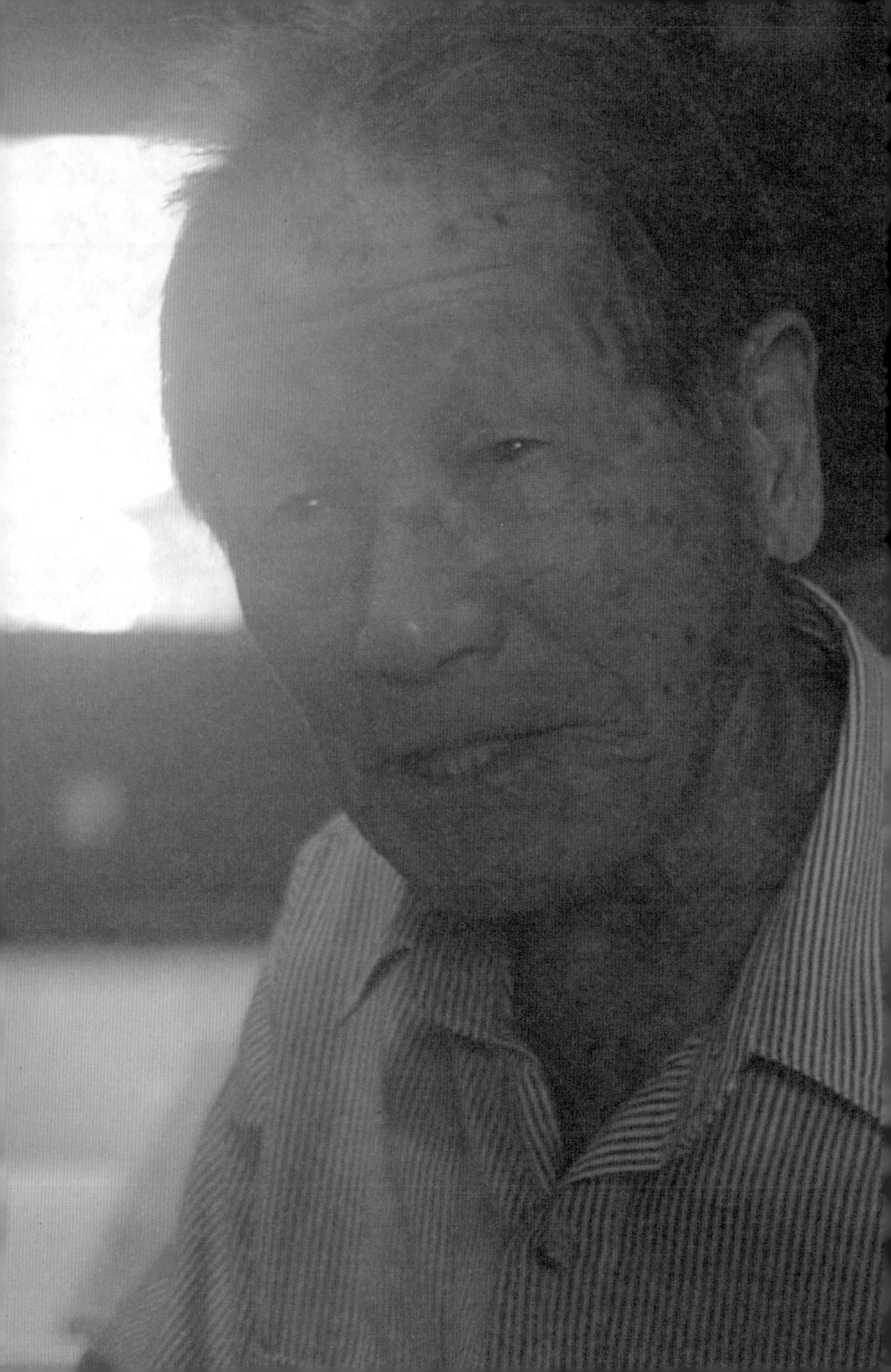

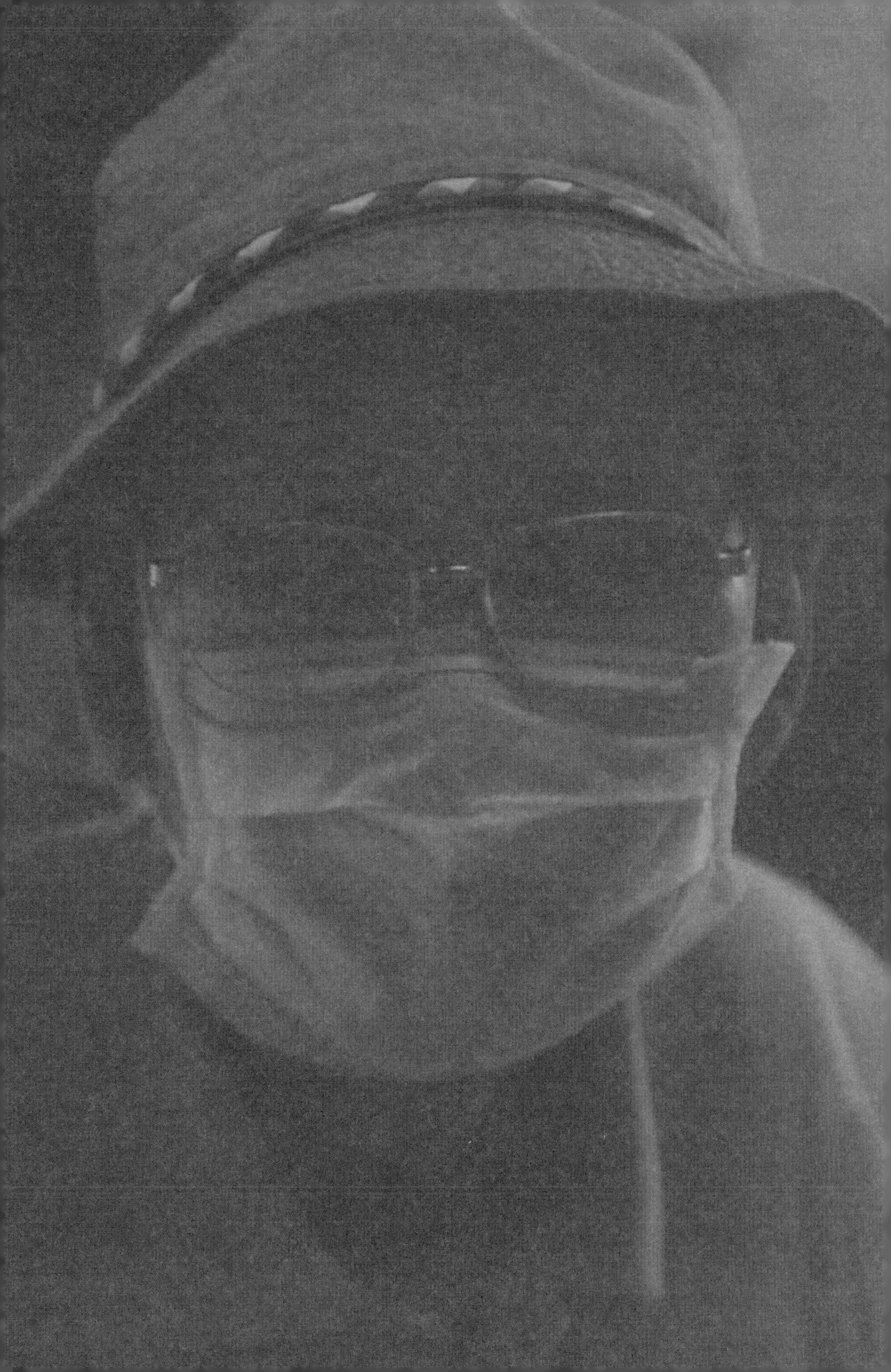

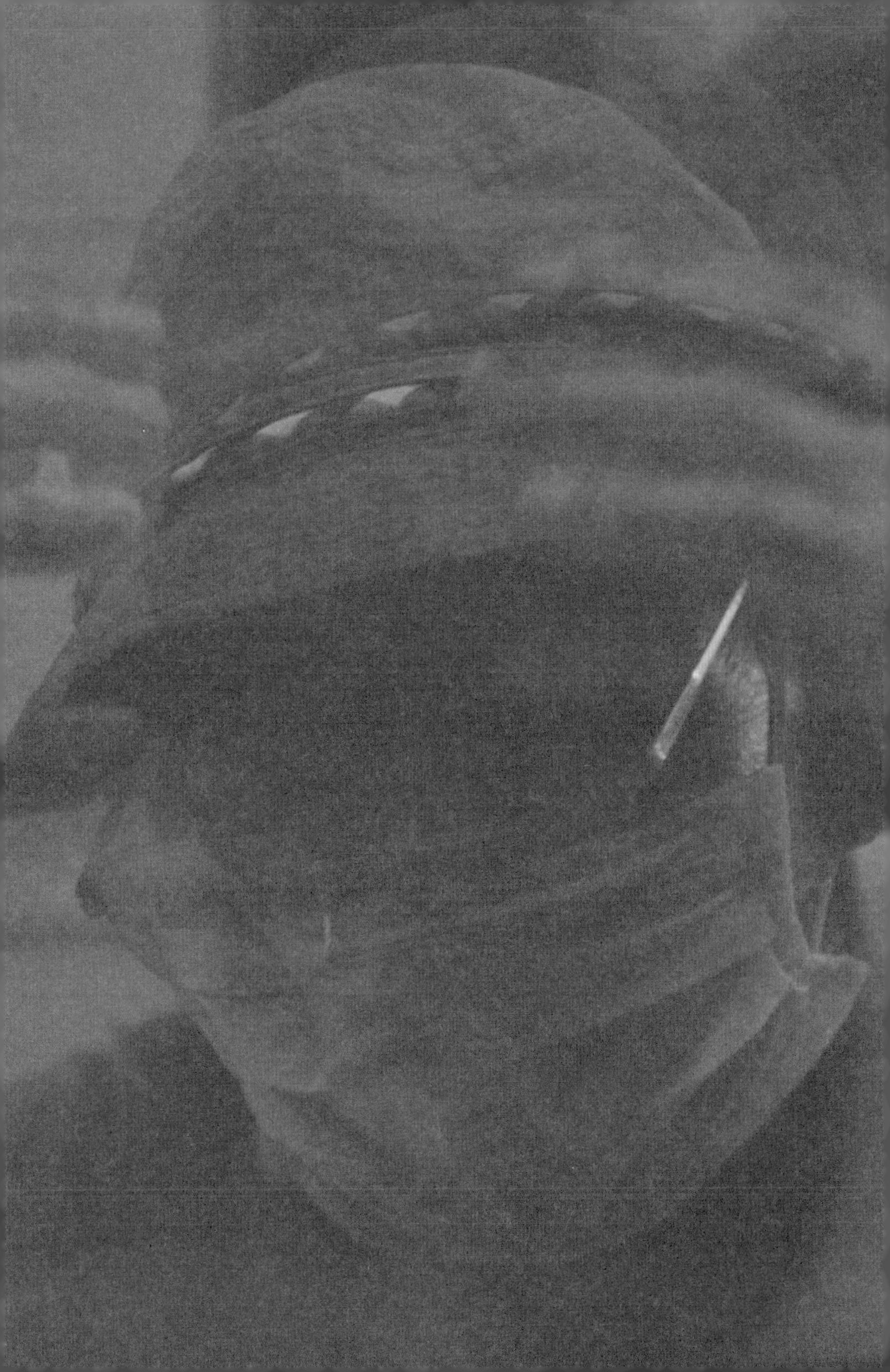

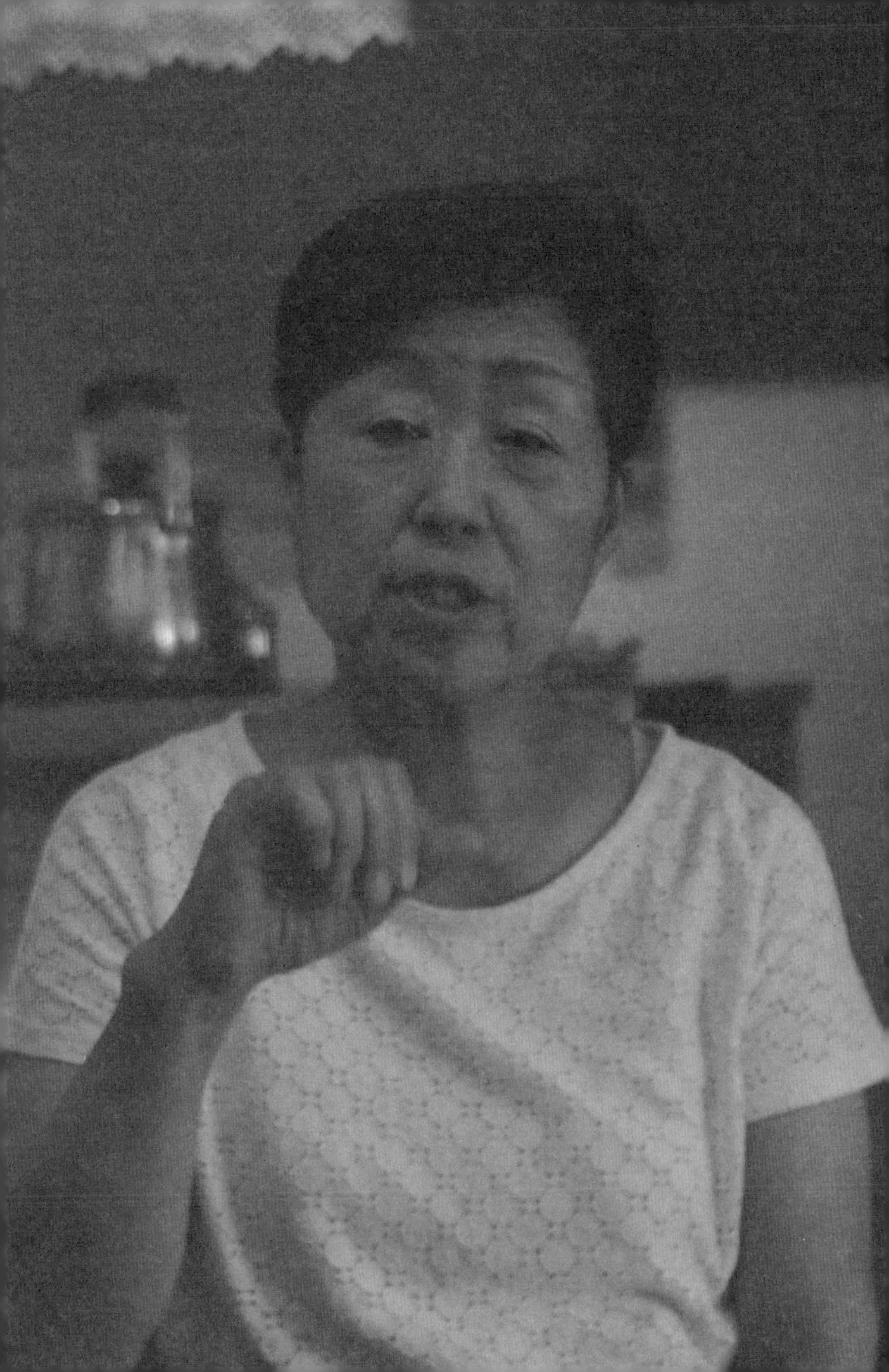

あの空が真っ赤になって それから暗くなって
雨みたいなのが降ってきたって

The sky turned red, it got dark, and there was something like rain...

獲った魚は全部放棄した
浜へ捨てた
穴掘って埋めたぜ

We threw our entire catch away.
We buried all the fish in the sand.

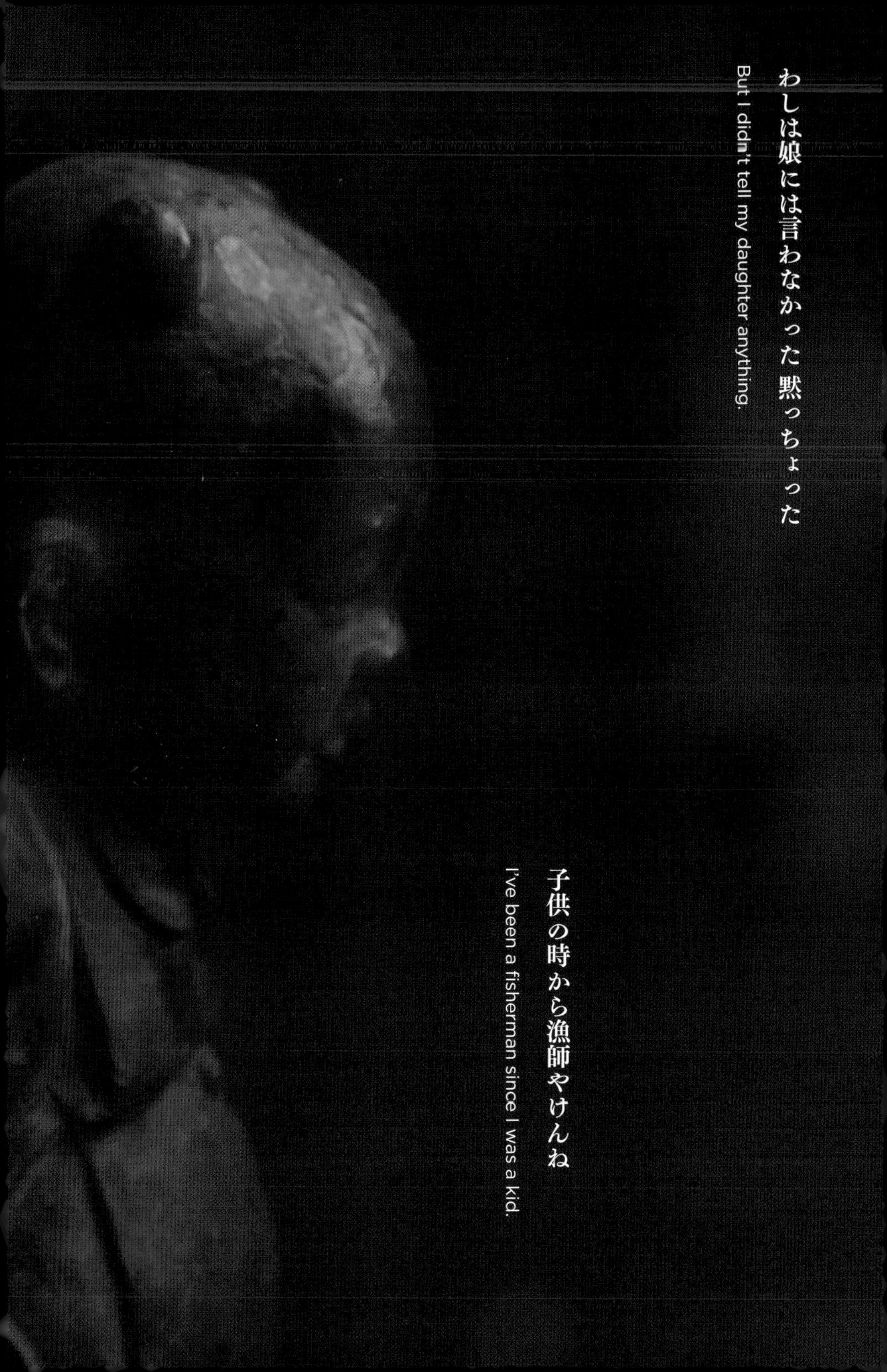

わしは娘には言わなかった 黙っちょった

But I didn't tell my daughter anything.

子供の時から漁師やけんね

I've been a fisherman since I was a kid.

そんなにおまえ
二回も被曝する人は少ない

Not many people get exposed to radiation twice in their lives.

そうじゃけんジーっと我慢しとった

I just kept it to myself.

そりゃおまえ 嫌うけん
みな被曝者嫌うよ
やっぱ癌なるけんよ

People hate atomic bomb victims, you know.
Everyone does, because we get cancer.

放射能浴びたら結婚したらいかんとかね
子供つくったらいかんとかいうことが噂みたいなことで流れて
その時分も流れておったんで

There were rumors at the time,
and they said that people who got exposed to radiation
shouldn't marry or have children.

わしがそんなビキニにおうたじゃなんじゃって
そんなこと聞いたら部落の人は
あとはそんなビキニじゃなんじゃでなにしとるけん
そんな子生まれるがじゃきに言うきね

If the villagers heard that I was at the Bikini Atoll,
they would assume that
their children will become like me
if they worked there as well.

見た人たちも見てない
あれは虹やったとずーっと思ったまま
亡くなっていきゆうがですよ

Some saw the explosion but kept telling themselves
it was a rainbow, until they died.

二重被曝やけんあるか
もう命はないと思ってた

Being exposed to radiation twice, I thought I was going to die.

空中が真っ赤な
大きな虹が出てって
僕らに言うんですよね

He told us there was a big red rainbow up in the sky.

陸のホースで洗ったよ
銭湯行けそれだけ
自分たちになんもあったか
かんもあったかも知らんがやき

They only told us to go to a public bath
and cleanse our bodies with a hose.
We were totally unaware of
what exactly happened to us.

今日はおかしいなガスがかかってるなという程度よ
陸に出て初めて聞いた ビキニのあれでって
それまでわからなかった

It just seemed a bit strange with the fog on the sea,
and we only heard later what actually happened.
We had no clue until we got back home.

付近で第五福竜丸かね ひとり亡くなった
ちょっと距離が離れちょったきね マシやったけど
土佐の船はほとんどその辺で操業してたきね

Someone died on the Daigo Fukuryu Maru
that was operating close to the site.
We were lucky because we were farther away.
Most of the boats from Tosa were in that area.

知らんもんやけん
スコール降ったらそこで体洗ってね
死の灰 死の灰 のちには死の灰じゃって言ってたね

We didn't know about the explosion, so we would shower in the rain.
Ashes of death, that's what they went to call it.
It rained ashes of death.

あっちもこっちも癌が出て　おまえ

The cancer was all over my body.

遺伝やないかと思ってね 心配したわね

I was worried because it might be a genetic problem.

歯が抜けたりとかが不思議じゃった

It was strange, my teeth just started falling out.

十八くらい歳がね
まさかそこで水爆実験するとは思わんよね

I was around 18, and I'd never thought
they were going to do tests there.

戦争当時のわしらが
一番悪い時に生まれちゅうきね
食うもんがないき第一

We were born during the war, the unluckiest of times
because there was no food to begin with.

うちに帰って一番楽しみだったのはね
子供に会えるとかね

Seeing my children was what I was looking forward to the most.

うちビンボーやったけんよ
わたしが働かんと食うていけん
学校どころやないけん

We were poor, so I had to work to feed the family.
School was a luxury.

港入ってから白衣を着た人が四人くらい来てね
ガーガーってこうガイガーではかってよ
振り切れとった

When we returned to the harbor, there were
a handful of people in white gowns,
and they came to us with Geiger counters
to measure us and the boats.

困ったね 本当に…
あの時はほんと怖かったわ
街全体がビリビリしとった
船乗ることもいかんねって
こちらにいる家族は船乗るの怖いね怖いね言うて

It’s been hard, really...
The entire village was in shock at the time.
We realized that working on the boats was risky,
and at home everyone was scared and worried.

放射能があれしたとか
わからなかった
忘れてしまってるそんなこと

We had no idea what radiation did to our bodies,
and we've totally forgotten about these things.

ズレと揺らぎ

塚本麻莉

人よりも自然の気配を強く、そして濃く感じる。室戸《むろと》とはそういう土地である。

2021年7月5日、筆者は室戸市の室津港を訪れた。高知県東南端に位置し、太平洋に臨む同市は、小さいながらに複数の港や漁港を擁する。室津もそのうちのひとつだ。地震が起こると土地が隆起するため、水深が浅くなるたびに掘り下げられてきた室津港は、海水面の位置が周辺の住宅地よりもかなり低い。地元住民が港周辺の土地を「港の上」と呼ぶ所以である。戦後間もない1950年代、この港は遠洋マグロ漁業基地として大いに賑わった。長く過酷な海での生活を終え、獲物を抱えて陸に戻った漁師たちは、港の上の料亭で束の間の休息を楽しんだという。

1954年3月。室津をはじめ、各地の港を後にした幾隻ものマグロ漁船が、より良い漁場を目指して太平洋の沖に出た。船上の漁師たちは朝も夜もなく働き、スコールで身体を洗い、獲ったマグロを食べ、文字通り命懸けで魚を狙う。

そんな彼らに降り注いだのは、灰だった。

Ⅰ　ビキニ事件の経緯と高知における発見

1954年の水爆実験

第二次世界大戦後の東西冷戦体制のもと、アメリカとソ連は熾烈な核開発競争を繰り広げた。54年、アメリカは核兵器の小型化と実用化を目指し、太平洋のマーシャル諸島ビキニ環礁・エニウェトク環礁で水爆実験「キャッスル作戦」を実行した。

同年3月から5月までに6回行われた実験のうち最も知られているのは、3月1日にビキニ環礁で実施されたブラボー実験だろう。この実験では、広島に投下された原子爆弾の1000倍の威力を持つ水素爆弾が炸裂し、大量の放射性降下物「死の灰」が大気に放出された。アメリカが設定していた危険海域の外側で操業していた静岡県、焼津船籍の遠洋マグロ漁船「第五福竜丸」は、このときの爆発を目撃して乗組員全員が灰を浴びてしまう。しかし、被害を受けたのは決して第五福竜丸一隻ではなかった。同船に続いて漁から戻った各地のマグロ漁船は、次々と「原子（原爆）マグロ」の廃棄を迫られた。市場は混乱し、マグロの魚価は暴落する。

事件は高知の漁業に大きな影を落とした。4月に入ると、室戸や安田のマグロ漁船から放射能が検出されたことがぽつぽつと報じられるようになり、多くの高知船籍漁船もまた、マグロの廃棄を命じられた。

9月23日に第五福竜丸の無線長、久保山愛吉が亡くなると原水爆禁止の世論は沸騰し、日米政府間の緊張も高まる。55年1月、当時の鳩山一郎内閣は、アメリカから法的責任を伴わない見舞金の支払いを受けて事件の政治決着を図ることを選んだ。こうして、アメリカの水爆実験に端を発する核被災事件「ビキニ事件」は、表立っては幕引きを迎えた。

放射線の被害を受けたにもかかわらず、各地の漁民は広島や長崎の被爆者のような原爆手帳の取得はおろか、その後の補償を十分に受けることもなかった。また、たとえば遠洋漁業基地の室戸では、封建的な土地柄と漁業界特有の縦割り構造とが相まって、風評被害を恐れた漁船員自身が告発を自主規制したという側面もあった。被害の実情を声高に訴えてもいいことはない。魚が売れないと日々の暮らしは成り立たないのだ。自分が被曝したと言うと、家族まで差別にあうかもしれなかった。生きるために、人々は口を噤んだ。

1985年の「発見」

忘れられかけていた高知におけるビキニ事件の記憶を掘り起こしたのは、政府でも自治体でもアクティビストでもなく、高校生と教師だった。

1983年、高知県西部の幡多《はた》郡の高校生たちが、自主的に地域調査や平和学習に取り組むサークル「幡多高校生ゼミナール（幡多ゼミ）」を立ち上げた。彼らはフィールドワークを通して地域の歴史を調べるなか、85年、宿毛《すくも》市に住むひとりの老婆と出会う。長崎で実子と共に被爆したという彼女は、息子について語った。長じてマグロ漁船に乗った息子は、ビキニでも被曝し、二重被曝に苦しんだ末に自殺した、と。思いもよらない告白に驚いた高校生と教師は、亡くなった息子の周辺を調べ、ビキニで被曝したのは彼ひとりではないことに気づく。

自死した若い漁船員の存在を知ったことを機に、高校生たちは調査を進めた。彼らは拠点とする幡多地域から遠く離れた室戸にも訪れ、人々への聞き取りを行った。はじめは怪訝な顔をした同地の漁業関係者も、何ら利益関係のない「事実を知りたい」という思いに突き動かされた高校生が主体の調査だったからこそ、徐々に重い口を開くようになる。

関係者が語りだした事件前後の記憶は各所に衝撃を与えた。高校生のフィールドワークを発端に被曝者が「発見」された高知では、その後も継続的に調査が行われ、ビキニ事件の実態が白日のもとに晒されていった。

II 個展開催の経緯

映画作家とビキニ事件

高校生たちが事件の調査を始めてから、さらに36年が経った2021年6月。高知県在住の映画作家、甫木元空は、同県須崎市の「すさきまちかどギャラリー／旧三浦邸」において「その次の季節」と題した個展を開き、ビキニ事件を題材とした作品を発表した。個展で甫木元が提示した内容は、先述した幡多高校生ゼミナールの活動に連なる、高知のビキニ事件被害者の証言記録としての側面を持つと同時に、ひとりの表現者による自律した作品でもあった。

この個展にキュレーターとしてかかわった筆者の視点から、まずは展覧会を開くに至った経緯を整理しておこう。

劇作家だった父親の影響でビキニ事件に関する基本知識を持っていた甫木元だが、高知に被曝した元漁船員がいることまでは知らなかったという。事件と向き合うきっかけは、長年幡多ゼミの顧問を務めた元高校教師、山下正寿と面識を得たことであった。作家は山下の紹介により高知在住の元漁船員やその遺族といった事件関係者を訪ね、彼らの撮影をはじめた。当初は作品作りを見越していたわけではなく、すでに高齢となった関係者の記録を残すという意味合いが強かったようだが、カメラを携え足繁く人々を訪ねるなかで次第に構想が固まったのだろう。２０２０年12月にはプロジェクトの嚆矢といえる、パイロット版ドキュメンタリー映画を高知県内で自主発表した※。

映画「その次の季節 高知県被曝者の肖像、遠洋漁業の記憶２０２０」

発表時、筆者もその映画を観た。69分の本編は、高知在住のビキニ事件関係者の証言と、彼らが送る日常風景のカットから構成されていた。映画は水平線の画《え》と波音による数秒間のタイトルバックを経て、生活感が漂う屋内の場面からはじまった。古い船員手帳を手にした80代とみられる高齢の男性に、複数人が話しかける。男性の返答は方言訛りが強いために聞き取り辛いが、それでも船や羅針盤といった単語が耳に入った。場面転換し、今度は前のシーンとは別の高齢男性が映される。室内で窓を背景に座る男性は、逆光によって目鼻立ちの陰影が強調され、強い存在感を放つ。

——僕ら泣いたで。

——親に手助けが少しでもできると思って喜んで入港したにもかかわらず。放射線含んでるから魚は廃棄せなあかんって。

やはり訛りの強い言葉で、彼はかつての航海と

※「その次の季節　高知県被曝者の肖像、遠洋漁業の記憶２０２０」は甫木元の監督映画として、２０２０年12月12日、13日に高知県自由民権記念館の民権ホールで上映された。

その顛末について語った。再び場面は替わり、次も、その次も、高齢の男性――ビキニ事件で被曝した元漁船員たちが、言葉を紡ぐ。

――ビキニで実験するとかいうことは全然聞いてないし。

――お医者に診てもらえとかいうのは全然なし。

ナレーションやBGM、効果音の類は一切なく、人々の証言映像が続く。それぞれの自宅で撮影されているからだろうか。カメラを向けられた人々に畏まった様子はなく、自然な素振りで応答する。スクリーンには女性の姿も映し出される。話す内容から、女性は元漁船員の遺族であることが飲み込めた。

――すっかり忘れてましたと。主人自身も。ただね、病気はものすごくしてる。でも、それ(事件)と結びつけてない。自分がこういうことがあったから、ひょっと、ということは全くなかった。

――自分の家のことを、人に言ってはいけないって。

冒頭以外の映像は、基本的に甫木元ひとりが取材相手と対面し、手ずから撮影している。手持ちカメラを使っているため、画は常時かすかに揺れ、ピントもしばしばぼやける。甫木元は聞き手も務めているが、聞き手としての発言はほとんど削ぎ落とされ、あくまで語り手たちが発する言葉から事件当時の状況が明かされていく。しかし、元漁船員たちの語りは事件の記憶だけにとどまらない。

――船に乗ったら命があるとは思わん。それでも商売したんよ。漁師の魂やったけん。

――子供のときからね、泳いだり船に乗ったり遊びに行った。

――ほいたら孫、子供がふたりおる。この子らを養うちゃらないかんけんよ。

貧しい子供時代や船に乗り込むに至った事情、漁の過酷さ、家族のこと。語り手たちは悲喜こもごものプライベートな記憶を、事件と地続きのものとして口にする。言外に語られているのは、彼らが核や戦争といった負のイメージを喚起する「被曝者」という単語とはおよそそぐわない、普通の市民でしかないという事実である。一方、要所要所で挿入される室内に飾られた写真立てや子供の絵、物干し竿のある庭の景色などのカットは、現在の彼らが営むささやかな日常を想像させるとともに、映画全体に清明な調子を付していた。

本編は陽光を浴びる木葉から蝶が飛び立つカッ

トで暗転し、エンドロールを迎えた。制作クレジットの傍らで表示されたのが、大崎二郎による詩「海」であった。映画の鑑賞後、甫木元に尋ねたところ、エンドロールだけでなくタイトルの「その次の季節」までもが、大崎の詩集名からの引用だという。

大崎二郎は、高知県須崎市に出自を持つ詩人だ。1928年生まれの大崎は、戦中は学徒動員によって県造船所を経て中国に派遣され、天津や蒙疆の炭鉱で技師として働いた。終戦後に帰国してからは、日本の戦争責任を真正面から見つめた詩を多数残している。日米間の戦いで多くの犠牲者を出した沖縄や原爆が投下された広島をはじめ、目を背けたくなるような悲惨な史実を取り上げ、虐げられた人々の姿を丹念な調査のもとで克明に綴ったほか、「南洋にふる雪　―ある漁船員の死―」といったビキニ事件を題材とした詩も書いた。生まれ故郷が港町の須崎であることが影響してか、その作品には海を描いたものも多い。

未来を感じさせる、どこか明るい響きを持った「その次の季節」という名詞句と、大いなる海と儚い人間の生とを対比的に詠った詩「海」は、いずれもビキニ事件について直接的に言及したものではない。しかし、自分とは接点を持たない過去の人々の生を自分事として引き受け、負の歴史の忘却に抗い続けた詩人の言葉を引用したところに、表現者としての甫木元の、事件に対する姿勢があらわれているように思えた。また、放射線被曝や補償といった未解決の政治問題を孕むテーマを扱ったドキュメンタリーでありながら、作家の主張が全面に押し出されていない多義的な映像そのものに、現代美術を扱うキュレーターとしても興味を覚えた。

2020年12月末、作品の今後の展開について筆者が質問した折に、甫木元は空間を使っての展示に関心を示した。そこで、筆者と甫木元が以前から交流のある須崎市のアートスペース「すさきまちかどギャラリー／旧三浦邸」の川鍋達館長に相談したところ、大崎二郎の故郷が須崎であることもあり、21年のはじめには展覧会の話がまとまった。

そして、パイロット版映画の上映からおよそ半年後の21年6月、同ギャラリーでの個展が実現した。

Ⅲ　3つの作品

すさきまちかどギャラリー／旧三浦邸は、大正時代に建てられた木造の商家建築で、呼称に名残をとどめる通り「三浦商店」を前身とする建物だ。個展にあたって作品を配置したのは、商店時代の面影をそのまま残す主屋の和室と、主屋とは別棟の蔵である【下図】。出品した作品は、《声》、《顔》、《その次の季節》の3つだ。

声

個展のイントロダクションにあたる《声》は、作家自身の方言に対する素朴な気づきを着想源とする、蔵に設置された音響インスタレーションである。5坪ほどの暗い内部では、映画撮影の小道具的な仕掛けによって上方から落とされた光が、壁や床を伝ってゆっくりと動く。海底、または船底のような雰囲気のなか、訪れた者は空間に響く大崎二郎による2篇の詩「海」と「魚」の朗読

ホールに用意した資料コーナー

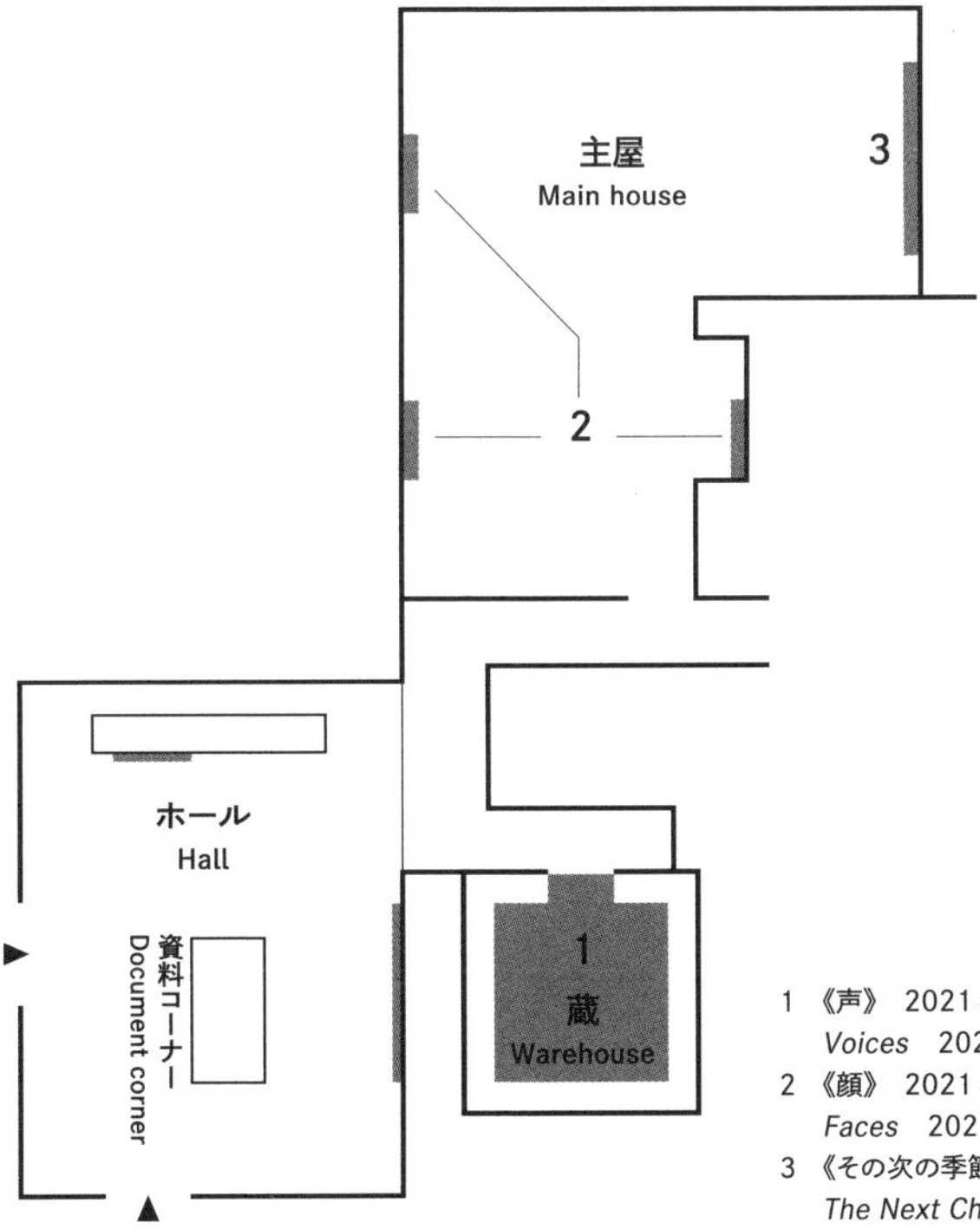

1　《声》　2021年／音声（ループ）
Voices　2021, audio installation, loop
2　《顔》　2021年／3チャンネル・ビデオ／15分
Faces　2021, 3 channel video installation, 15 min.
3　《その次の季節》　2021年／映像／15分
The Next Chapter　2021, single-channel video, 15 min.

音声を聞くことになる。

詩を朗読したのは、性別や年齢が異なる3名の高知県在住者だ。訛りを残した彼／彼女らの声に耳を傾けると、各人のイントネーションの違いに気がつく。同じ県に住むにもかかわらず、中村（四万十市）、室戸、須崎と生活する地域が異なるため、発音に差異があらわれるのだ。ビキニ事件の取材のために県内を行き来した甫木元は、強い訛りを持った元漁船員の老人たちと出会うなかで、土地ごとの方言の違いを体感したという。長い年月の間に少しずつ変化しながらも脈々と受け継がれ、地域の生活に染みついた方言は、都道府県の大きな行政区分だけで単純に線引きできるものではない。

大崎による詩句を媒介に、方言という土地固有の文化を可聴化させた本作の背景には、ビキニ事件という歴史的な出来事だけではない、土地の人々に対する作家の関心がたゆたう。甫木元が取材で得た実感が落とし込まれた本作は、続く映像作品で鑑賞者が聞くはずの方言に対する耳ならしとなるだけでなく、この場所が持つ固有性を印象づけるフックとしても機能する。

顔

《顔》と《その次の季節》は、パイロット版映画のもととなった映像のほか、個展までの期間に作家が行った追加取材の映像を加えて編集構成した、サイト・スペシフィックな対の作品である。両作はいずれも15分で、室内で交互に上映される。

《顔》は、和室の障子や襖の間に配された3枚の縦長スクリーンによる映像インスタレーションだ。本作では、ビキニ事件関係者の「顔」がクローズアップした状態で各スクリーンに連続してあらわれ、同時並行で事件にまつわる記憶が語られていく。パイロット版と最も異なるのは、投影された映像が多重映しにされる点だ。したがって、《顔》における語り手たちの輪郭は、しばしば揺らいで安定しない。

室内では語り手たちの声とは別に、楽器の旋律に環境音が組み合わされた音楽が流れている。この音楽は甫木元の制作に共感したサウンド・アーティストのコリー・フラーが手がけたもので、チェロなどによる太くやわらかな旋律に加え、彼が実際に室戸で採音した波音や海中音といった音源が採り入れられた。語り手の声に重なって流れる音楽は、場の空気を叙情的に高めるだけでなく、映像間の通奏低音として作品の一貫性をも担保する。だが、音楽は映像の語りとは同期していないため、空間で聞こえる音は都度変化し、同じ場面で同じ音楽が繰り返されることはない。

ズレを前提とした音響設計は畳敷きの日本家屋とは不思議となじみ、居心地のよさすら覚えるほどだ。さらに、指向性スピーカーの使用によって、部屋のどこに立つかで音の聞こえ方は変化する。スクリーンに近づくと、ある程度ピンポイントで画面に映った人物の声を聞き取ることもできる。ただし、3枚のスクリーンはそれぞれが数メートルの距離をおいて配されており、どれか1枚に向き合うと、少なくとも1枚には背中を向ける格好となる。できるだけ多くの話を聞こうとする場合、鑑賞者は広い室内を能動的に動く必要がある。揺れ動く像を前に移動しながら行う鑑賞は、取材を重ねて事件関係者と向き合った作家の行為の追体験ともいえる。

その次の季節

《顔》と入れ替わって和室奥の十畳間で上映されるのが、シングル・チャンネルの映像作品《その次の季節》である。《顔》が空間を意識したインスタレーションとして構想されたのに対し、パイロット版映画と同じタイトルを持つ本作は、座った状態での鑑賞を前提とした短編ドキュメンタリー映画だ。

15分という短さとは裏腹に、甫木元は本作において、ビキニ事件の関係者が歩んできた人生の片鱗を描出してみせた。それを可能にしたのが、室戸の風景を捉えた無数のインサートカットである。本作では多くのシーンで、証言する声だけが風景とともに流れる。カメラの照準が合わされたのは、圧倒的な歳月、あるいは過渡的な時間の経過を感じさせる風景だ。事件に遭ったために周囲の心無い視線に晒され、耐えるほかなかったと述懐する元漁船員の証言には、室戸岬の海岸に乱立する奇岩やそれに打ち寄せる波が。水爆実験の爆発を見て、あれは虹だったと自らに言い聞かせていた漁船員のエピソードには、夕日に照らされた海や灯台の光が。亡き夫が生前に語っていた船での仲間たちとの思い出話には、それぞれ異なる面貌を持った幾体もの地蔵や墓石が。挿入された土地の風景が語り手の代弁者となって、彼らが生きてきた年月の厚みを声なき言葉で訴えかける。

カット同士は作家だけが知る必然によってつながれている。つまり、シークエンスは理詰めの計算ではなく、作家の直感的なカットの選択で構成されている。偶然を必然に絡め取る巧みな編集をもって、甫木元は散文的に陥りかねない断片をつなぎ合わせ、詩的情趣を持った一本の映画へと結実してみせた。

「ここ」で展示する意義

3つの出品作品は、須崎という土地と旧三浦邸の建築ありきで設計されており、場所を作品の構成要素とすることで意味構造を重層化させていた。

まず、展示の冒頭に置かれた《声》では、大崎二郎の存在を起点に、土地の固有性を浮き彫りにした。鑑賞者が立つ「ここ」は旧三浦邸の蔵で、蔵があるのは須崎で、須崎は大崎の故郷で、さらにいうと海の近い港町で——といった具合に、場所がいくつもの意味を連鎖的に呼び起こすのだ。

他方、主屋の《顔》と《その次の季節》は、旧三浦邸の建築空間に多くを負っていた。とりわけ《顔》では、3枚のスクリーンが和室本来の開口部にあたる建具の位置に置かれたことで、一時的とはいえ空間の機能が更新された。外部と内部の境界に位置するスクリーンは、「ここ」と語り手たちのいる空間とをつなぐ、あるいは隔てる「窓」としての機能が前景化し、室内は巨大な記憶再生装置に擬態した。撮影機材のカメラは「カメラ・オブスクラ」に由来する語だが、語源のラテン語camera obscuraが「暗い部屋」を意味するのを思い返してみてもいい。なるほど鑑賞者は「カメラ—部屋」のなかで、窓外の光景——歴史の証人たちの掴めそうで掴めない顔——と対峙することになる。

語り手たちの見解が一律に同じではないように、映像と同期していない音楽はもちろん、屋外の環境音も影響してくる和室での展示は、常に揺らぎを内包する。場所性を作品の構成要素のひとつに据えた本展で実現したのは、語り手たちの言葉をどう受け取るかで色合いが変わるグラデーションのある空間、すなわち解釈を開く場であった。

Ⅳ　結びに

ビキニ事件、あるいは核被災事件の象徴としての第五福竜丸は、事件発生当時から現在に至るまで、国内外の表現者が取り上げ、様々なアプローチによって作品化されてきた。事件を題材とした作品には、核兵器や無辜の人々の犠牲に対する怒りと平和への願いが表裏一体となった反核のメッセージが打ち出されているケースが多い。甫木元の制作でも、そうしたメッセージは事件関係者の発言から間接的に読み取れるが、その表明自体が作品の目的となっているわけではなかった。作中に明確なメッセージや結論を用意しないことは、鑑賞者に解釈や想像の余地を残し、思考を促すことにもつながる。キュレーターとしての筆者が支持するのは、まさにその点である。

出品作品からは、被曝した元漁船員でさえ自らの身に起きた事象を疑っている現実が垣間見える。事件が再びスポットを浴びるまでの長い年月をそれぞれに過ごしてきた彼らは、自身の病または子供の障碍の原因をすべて事件に帰すことには「わからない」と懐疑的だった。目に見えず、味も匂いもしない放射線が身体に及ぼす影響は個人差があるうえ、風評被害や差別への恐れによって事件の受け取り方にもばらつきがある。全員が被害者のはずが、被害者のなかから他の被害者に圧力をかけたり意見を異にする者があらわれて関係が錯綜し、被害者と加害者が線引きできなくなる。さらにそこに時間が介在する。経年で記憶が薄れるだけでなく、自己対象化により自分の記憶と誰かから聞いた体験や情報が混ざるといったことまで起きる。何が本当に起きたのか、当事者ですら確信が持てなくなっていく。

制作にあたって甫木元が参照したのは、大崎二郎の歴史との向き合い方や、幡多ゼミの人々をはじめとした実際に土地を歩き、地域の人々の声に耳を傾けたフィールドワーカーたちの実践だという。「会いに行って話を聞く」という手間と時間を要する手法を通して、事件当事者が持つ複雑な心境を分有したがゆえに、作家は何らかの答えが出る構造を避け、結論を宙吊りにした。だが、そうした手法でしか語り得ないものがあるのだ。

筆者は甫木元と同様に、事件と自分との間に直接的な接点を持ってはおらず、その制作を介して高知に被曝者がいることを知った。それでも、個展会場で作品と対峙したときに息を飲んだ。アクティビズムに依るわけでも感動的なナラティブに仕立てられたわけでもない、人によっては退屈とすら感じるかもしれない映像において、撮影者を見返す漁師のおんちゃんの透明な眼差しが、「わたし」の視線と交錯した瞬間があった。もちろんそれは主観に基づく錯覚にすぎない。しかし、リアリティのあるひとりの人間と目が合ったという感覚が、遠い出来事を自らに引き寄せて考えるきっかけとなった。声高なメッセージの発信に頼らない、アートの領域だからできる記憶の継承の可能性を感じたのだ。

２０２１年現在、事件で被曝した元漁船員はみな80歳を超えている。あと10年もたつと、事件を語る肉声はほとんど喪われてしまうだろう。本展において、次の季節を迎える前に往時を振り返った映画作家は、場所性を最大限に活かして思考の種を蒔いた。それをどのように育んでいくのかは、過去から連綿と続いてきた先にある、いまの季節を生きるわたしたちの手に委ねられている。

つかもと・まり（キュレーター／高知県立美術館学芸員）

灯台のひかり　大崎二郎と甫木元空

廣江俊輔

時代的にも地理的にも、自分とは遠いところで起きた悲劇を思うとは、どのようなことだろうか。

1954年、太平洋のビキニ環礁で行われた核実験。

1992年、埼玉県で生まれた甫木元空さん。

祖父が高知県四万十町出身という縁で高知に移住したことは、あくまで端緒に過ぎないのだろう。高知で映像作品をつくるにあたってビキニ事件を主題としたことも意外とは思わない。

しかしそれを自己の表現にまで昇華させることは、誰にでもできることではない。


その上で、須崎市出身の詩人・大崎二郎の存在は、ビキニ事件と甫木元さんを繋ぐうえでヒンジ（蝶番）のような役割を果たしたのではないか。

2020年夏、私は朝日新聞高知版で連載している「異郷異聞」という詩をテーマにしたエッセイで大崎のことを取り上げた。それを読んだ甫木元さんが私を訪ねてきてくれたのはその直後だった。

甫木元さんが大崎の名前を出したときは意外だった。大崎のように「抵抗」や「反体制」などの硬質な言葉で飾られがちな、いわゆる社会派の詩人は、現代詩、現代アートの流行からは遠いと思っていたから。社会派という言葉自体、社会運動の盛んだった60年代、70年代と比べると随分と色あせてしまったはずだ。

しかし1986年生まれの私にとっては、社会派の詩はむしろ新鮮だった。私自身が社会参加に関心があったということもある。国家中枢からは遠く離れた高知の地で、国家について真正面から考える大崎のような詩人がいたことを興味深く思ったし、いろんな人に知ってほしいと思った。

だから甫木元さんのような若いアーティストが大崎の存在に引っ掛かりを感じたという事実は意外だったが、うれしくもあった。

最初の問いに戻りたい。時代的にも地理的にも、自分とは遠いところで起きた悲劇を思うとは、どのようなことか。

大崎二郎の詩に手掛かりがある、と私は考える。

代表作ともいえる1982年の詩集『走り者』は、江戸時代の紙漉き一揆を題材にしている。走り者とは、藩政時代の農民の逃散、ストライキのことである。

農民にとって貴重な現金収入源であった紙漉きは、利益を独占しようとした土佐藩によって専売制とされ、紙は安く買い叩かれた。そこに米の不作が重なった結果、農民に残された手立ては、妻子を残して他藩に逃げることだけだった。

自身が生まれるよりずっと昔に起こった事件のことを、文献などを頼りにしながら、大崎は詩に紡いでいった。

もう誰も、紙漉く者などおらぬ。
じゃぶじゃぶと原料こぶる音も
ぴたぴたと桁ゆする音も絶えて
軒につららの凍る音と
力弱い赤児の泣声が耳につく。
〈もう、後へは一歩もひけぬ。〉

（「走り者」『走り者』から一部抜粋）

遠い過去のことなのに、自分が見聞きしたかのように鮮烈に書かれている。まるで映像を見ているかのように。経験したわけでもないのに、なぜそう書けるのか。なぜつららの凍る音が聞こえるのか。

詩にはそれができる。詩には飛躍という特質があるから。詩では、一見脈絡のない言葉をつなげたり、実体験の隙間に虚構を交えたりする。そしてその飛躍は正しく行われている場合、散文では表現できない種類のリアルを映し出すことがある。

例えば写真は真実を写していると、本当に言い切れるだろうか。高解像度のビデオカメラを使って撮った映像は、それだけリアルに現実を映し出していると言えるだろうか。

虚実皮膜——すなわち虚構と事実の間《あわい》にこそ、ある種の芸術的リアリティが宿ることがある。

無論、その前提として徹底した取材がある。徹底した取材と、飛躍的な想像力。その二つが両立してはじめて、大崎の視点は、江戸時代の民衆のそれに近づくことが可能になる。

そのことを大崎はよく知っていた。

大崎の詩は距離的な断絶も乗り越えた。1992年の詩集『沖縄島』。

大崎が初めて沖縄を訪れたのは60歳を間近に控えた1978年のことであった。何の縁もなかったのに、何度も沖縄行きを繰り返した。戦跡を訪ね歩いたり、地元住民に話を聞いたりして、着実に言葉を積み重ね、自費出版の詩集『沖縄島』として結実した。

褐色に錆びた　その左こめかみに
銅貨大の円く暗い穴があいている
それは　いまとなってはただの穴だ
が、人間の生を一瞬にふきぬけた　穴だ
兵士か　女学生か
或は　わたし自身であったかも　わからない

（「チビチリガマから」『沖縄島』より一部抜粋）

穴の空いた頭蓋骨を見て、自分自身であったかもしれない、と思う。沖縄問題においては紛れもなく他者でありながら、決して他人事だとは決めつけない。自分自身の問題であり得るかもしれない、と考える。自らの視点を沖縄の人々の視点と同化できるよう、残された断片を時間をかけて丁寧に調べ、極限まで煮詰めること。社会派と呼ばれた表現者たちの根本的な創作態度であった。

飛躍という面で詩と映像は似ている。複数のカットを重ね合わせる。複数の映像を同時に流す。甫木元さんが今回の個展で行っていたのは、まさに映像を駆使した飛躍的想像力の実践だと思った。

つながりのないように見えるカットを連続して繋ぎ合わせるだけでも、言葉では表し難いものを暗示することが可能になる。

映像作品《その次の季節》に印象的なシーンがあった。元漁船員やその遺族らへのインタビューの合間、夕闇に染まる空を背景にして灯台が映されていた。灯光がゆっくりと回転していた。

会場の畳に横になりながら（そういう態度で見てもいいと甫木元さんが言ったから）何気なく見ていた映像のなかでも、記憶に残る美しい場面だった。作品を観た直後に本人に話を聞いて納得がいった。

甫木元さんは、室戸での取材の際、灯台というものを初めて間近でみたという。そして当たり前の事実を知る。つまり、灯光は360度回転するということ、灯台は海だけではなく陸をも照らすということ。実際、灯

甫木元空《その次の季節》より

台を映したカットのあとには、陸側にある山の木々を照らす光の様子が映し出されていた。

そうか、灯台は陸も照らすのか。私もそのとき言われて初めて気がついた。そして、大崎二郎のイメージがそこに重なった。

海とともに、陸を照らす存在。他者でありながら、当事者の視点も持ち得た人。

インタビュー映像の合間に灯台というメタファーが打ち込まれたことによって、《その次の季節》は単なるドキュメンタリーを超えてひとつの作品になったのではないかと思う。

高知に住み、表現行為を通して社会を考えようとする者の前で、太平洋の海岸線に現在進行形で横たわっているビキニ事件は、向き合うにしても、無視するにしても巨大すぎる。巨大すぎて、全貌が掴めない。残された断片、断片で向き合っていくほかない。

だからこそ、その手法の先達である大崎二郎の力を借りることは甫木元さんにとっては必然だったのではないかと、私は考えている。

ひろえ・しゅんすけ（元新聞記者）

そこにあるものを尊重する

鼎談

コリー・フラー × 牟田口景 × 甫木元空

作品のための音楽制作を依頼したコリー・フラーさん（以下、コリー）と、展示空間の音響設計をお願いしたWHITELIGHTの牟田口景さん（以下、牟田口）。

3人だから作り出せた、音の響きと記憶の重なりについて。

1 ふたりとの出会い

甫木元

僕が総合ディレクターを務めた須崎市のアーティスト・イン・レジデンス事業「現代地方譚8」（2021年1〜2月開催）で、牟田口さんをレジデンス・アーティスト（KOMAKUS名義）として須崎に招いて、滞在制作してもらいました。そのときに初めて行動を共にして音に対する考え方を聞いて、それまで僕がやってきた映画制作では考えたことがない色んな気づきがあったんです。

牟田口さんからコリー・フラーというアーティストを教えてもらい音楽を聴いてみたら、曲の行間というか間の部分が面白かった。引き算が考え抜かれている、というか。

被曝者を扱う今回のテーマでは、感動的な話へお客さんを誘導することはいくらでもできると思うんです。でも、それはしたくなかった。何かを足して方向づけるのではなく、できるだけ引き算を意識して漂わせるようなものにしたかった。それでコリーさんに音楽をお願いできたらと思って、声をかけました。

コリー

甫木元くんの視点は結構ミニマル、それがすごく新鮮で惹かれた。引き算の話にも通じるんですけど、最初は「（作品の素材も）人の顔と声だけ。海の画《え》すら出さないかもしれない」と言っていて。あと、一番スポットが当

Music for the 2021 exhibition “Sora Hokimoto: The Next Chapter”.

The Next Chapter (Installation Mix)

Published by Hozomeen [ascap]
coreydavidfuller.com

coreyfuller.bandcamp.com/yum

Enter Code

v2bu-wr5j

THIS AND THAT

tat-pub.stores.jp

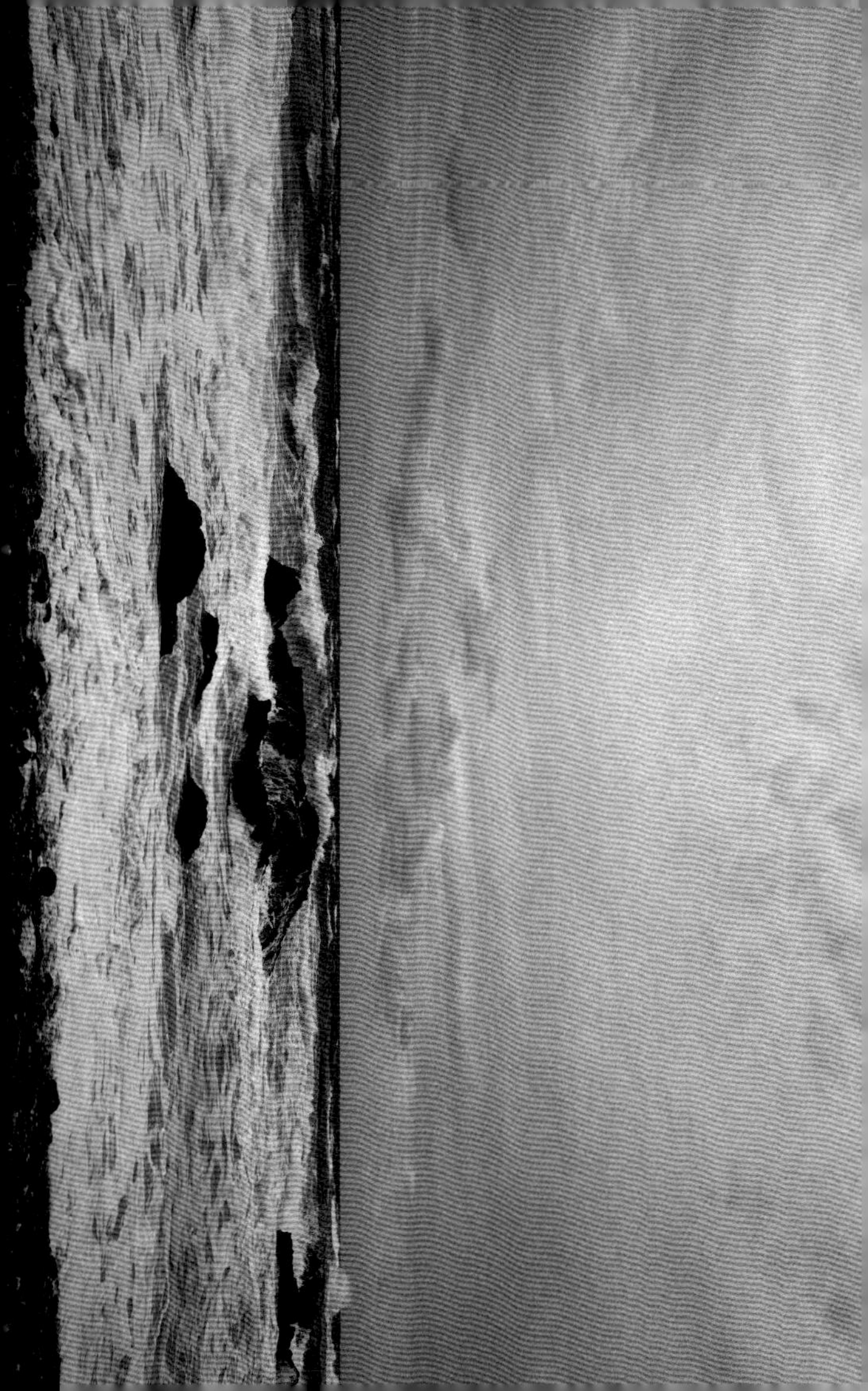

たっているところじゃなくて、（被曝者の方の）雑談とか影の部分、メインテーマから一歩離れたところに意識を向けているのが面白かった。自分も音楽を作るなかで、センターに立つものではなく、背景にあるものを重要視しているところがあるので、そこは共通点ですね。

牟田口
最初の段階では僕はアサインされていなくて。コリーが作品の音楽を作ると聞いていじけて、甫木元くんに「なんで誘ってくれないの」って電話した。僕がコリーを紹介したのに、みたいな（笑）

コリー
「なんで僕だけ仲間はずれなんだよ」って言ってたよね。

甫木元
もちろん牟田口さんには来てもらいたかったんですが、予算的にどうだろうなっていうのはあって…。

2 作品の核が共有できた

コリー
室戸《むろと》は今回のテーマの舞台ともなる土地。だから早い段階から実際に港や海の音を体感しないといけないと思いました。僕が高知に行きたいと言うと、「じゃあ一緒に回りましょう」と甫木元くんが言ってくれて。実は（2021年4月に取材で）室戸を訪れる前から、海上と海中の境が、人間が喋ったりして表に出す考えと、その裏の言葉にできない内で抱えている秘密みたいなものの、メタファーになるのではないかと考えていました。海中の音も録りたかったので、水中マイクを使っています。最初にマイクを沈めた室津港では生き物…虫が動いているというか火が爆《は》ぜるというか、とにかく僕が今まで聞いたことがないような、純粋に音としてみても奥深いものが録れました。海上の音も印象的でした。室戸岬で静かに瞑想しながら、海の音をずっと聞いていたんですが、岩に反響する音や荒れた波音とか、音の表情がひとつひとつ違う。（出演者の）話し声の違いとか、同じ体験をしているはずなのにそれぞれで体験の捉え方が違うとか、作品のテーマそのものにリンクするようで。

甫木元
遠くで見たらただの線でしかないのに、近くで見ると波ひとつ取っても同じ形、表情のものはない。海は色んなことの喩えになる。それに室戸取材のとき、雨が降りそうで降らない曇りだったんですよ。その天気に、取材した事件関係者の、自分が言っていることが本当かどうかわからない、でも子供達にまで影響が及んでしまうかもしれない——どこにもピントが合わないような感じが靄がかった海や港の雰囲気と近いものを感じた。移動スケジュールや採音の時間は細かく決めずに、コリーさんは音を録って、僕は風景を撮って、作業が終わったら車のなかでどこがどう良かったか言い合って（笑） 今考えると、お互いが何を発見したかという会話のキャッチボールが、作品作りでもいい方向に働いたと思います。ものの見方というか、作品の核の部分が共有できた。これは牟田口さんもだけど、「こういう音を入れてください」とか細かい指示を出し合うこともなく、みんなが用意してきてくれたものを「せーの」で出してすんなり落とし込むことができたんだと思います。

コリー
そうですね。取材後は別れて個々の作業に入りましたが、あのときに共有できたものがあったから、同じ方に向かうことができたという気はします。音楽のデータも1回送っただけですよね。

甫木元
はい。音楽が来てからどういう構造にするか、何を作品の面白さと考えるか、牟田口さんと相談しました。映像と音楽をそれぞれループで流すことで生まれるズレを面白いとするか、映像に組み込んでバシッと明確に切り替わるようにするか。
和室の作品《顔》、《その次の季節》は、それぞれ15分くらいの尺を想定していました。コリーさんの音楽――曲は、26分くらいあった。短くすることも提案してくれたけど、僕はその長さに意味があるとも思った。音楽が持っている間《ま》と映像が喧嘩しないような感じになったらいいなと。
映像から音楽を独立させて、それぞれをループで流すことにしたわけですが、結果、音楽と映像が一致する瞬間は二度と起きない。（映像の）話し手の次のカットとのつなぎ目の間《ま》の編集の方法には、コリーさんの音楽がもちろん影響しています。

コリー
はじめ甫木元くんからオファーされたのは、映画音楽の制作でした。なので自分の音楽は、ある意味で映画の出演者のひとりというか、音楽が何かの役を演じるような存在であってもいいなと意識したことから始めたんですね。甫木元くんの作品は、事件関係者の声がメインになっていますが、音楽は言葉になりきらない部分をひとつの役として演じているのかなと。
今回はさらに、展示空間に流れる音楽だということも意識して作っています。だからアルバム制作とも映画音楽とも全然違っていて、ある意味尺から解放されて、時間をあまり意識せずに作ることができた。展示空間にいつ入って、いつ出ても大丈夫なように、時間を感じさせないような音の進行というか。海に似ているという言い方もできるかもしれません。海はいつ訪れても、いつ去っても、常にあるものだから。

甫木元
室戸で撮った写真を譜面のようにして、作曲したんですよね。

コリー
そう。映画音楽では画に合わせて作曲することもありますが、今回は作品が最終的にどういう構造になるかわからないまま制作を始めたので、室戸で撮った写真を見ながら東京のスタジオで曲を作った。岩の形とか海面の動き、木とか光の感じとか、もちろん記憶しているものもあったんですけど。室戸の地形を地図というか譜面にして書きましたね。

3 即興の響きで世界をつくる

甫木元
牟田口さんと具体的な音響機材の話をしたのは展示の直前ですよね。対応できるようにいくつか機材を持って行くよと言ってくれて。

牟田口
内容を聞くとスピーカーは全部郵送できるし、やらせてよって感じだったと思います。
僕の作業は単純明快で、音量と音の方向とを操作して、響きを作るだけなんです。だから甫木元くんの映像から出る音声と、コリーの音楽は何種類あるのか、事前に知っておきたかった。それらをひとつのスピーカーから出すのか、複数からバラバラに出すのかは、現場で決めればいい。今回は会場の広さはわかっていたので、条件を満たす機材とそれを取り付ける器具を選んで送って、あとは現場で、みんなで作り上げていくっていうお楽しみの時間。

甫木元
「わからないこと」を楽しめるメンバーが集まってくれたことが、個人的にはめちゃくちゃ面白くて。わからないけど、ある程度柔軟に対応できるようにしておこう、何パターンか持って行くよって。それで集まったら「今これだけあるよ」「あーこれは面白いね」「じゃあこうしよう」みたいなことが即興的にできた。それは僕が今までしたことがない作品作りの経験でした。

牟田口
音響に関する設営は1日しかなかったから、スピーカーをありったけ設置して間引いていくというプロセスを踏んだ。
まずは映像の声の調整。声——言葉は、情報としてちゃんと聞こえないといけないケースと、別に聞こえなくてもいいケースがあるけど、今回は共通認識として何を言っているかをしっかり聞かせたいというのがあったから、きちんと聞こえるようにスピーカーを設置して、音量調節をした。
次に音楽。事件関係者の証言映像には、もちろん本来は音楽がついていない。新しく作品の世界を作るということでもあるので、この作業は本当に慎重に。

コリー 3人で空間演出したような感じでしたよね。空間のなかでどう見えるか、どう聞こえるか。音ができるだけ自然に耳に入るようにって。

牟田口 スピーカーからどういう音を流すかというのは、コリーのアイデアを聞きながら試していきました。楽器の旋律と自然音、海の音が入っているけれど、天井に設置したスピーカーからそれを全部流してみたら、海の音が上から聞こえるのは違和感があって。コリーはそれぞれの音源も持っていたので、海の音は床に置いたスピーカーから流すことにした。その海の音のボリュームを徐々に上げて、旋律は最後に天井のスピーカーから流した。どんどん世界が生まれていく感じが、とても印象的でした。言葉が生まれて、海が現れて、音楽が流れて。どんどん色づいていったというか。音響装置からどの音が、どのくらいの音量で再生されるか。何デジベルという数字に加えて、誰が音を流しているかということが重要です。この現代に生きている、コリー・フラーという人物が作った音楽と、甫木元くんが取材した人たち——今はもう亡くなっている人もいる——の声。それらの音が流れる空間を作るというのは、ある場所に風を起こして、天気を作っているみたいなことだとも思うんですね。装置を使って、本当に世界を作っているという感じ。

4 ここでしかできないもの

牟田口 完成した展示を見て、映像のなかの方たちがいるであろう部屋に、自分も地続きでいるような感じがしました。まるで何かのセットのような。

コリー 本当にそうですね。舞台みたいで。和室は日常の空間じゃないですか。そういう空間に、非日常の出来事が語られる映像があるというのはコントラストを生む。

でも、出演者の方にとっては、それは自分の日常のなかでずっと抱えてきた課題というか、秘密でもある。そのことを強烈に感じました。

映像と音楽は、タイミングを完全に一致させるのが一般的じゃないですか。今回はそれにズレがあるし、実は音楽の構造自体にも、ループとズレを入れています。テープディレイというの、たとえばピアノのあるフレーズを弾いた数秒後に、テープを通して再びそのフレーズが鳴るんですけど、だんだん劣化していくんですね。ローファイで音も遠くなるし、音が微妙に変化していく。今回の作品テーマのメタファーとして意識して使っています。元漁師の皆さんは凄まじい体験をしているのに、それが記憶のフィルターにかかると、だんだん記憶が劣化して形が変わっていく。最終的には、本当に自分が体験したものなのか自分が思い込んできただけなのか、境目がわからなくなる。そういうものを音でどうにか表現できないかなと。

牟田口 なるほど。変化していくことの表現なんだね。もう何十年も前の話だもんね。音の観点からいうと、和室は木造で周囲の環境音が侵入してくる。だから良くも悪くも、(作品に)それも取り込まないといけない。そういう意味で、まちかどギャラリーでやるのと、外部の音が遮断されたホワイトキューブでやるのとでは印象が変わる。和室自体が展示の要素だし、須崎という場所の意味もある。だから他の場所でこの展示をやるってなると、同じ手法では難しいですよね。

コリー ホワイトキューブのなかに和室を作るくらいしないと。

甫木元 めちゃくちゃ面白いですけどね。入ったらセットみたいな(笑)「もう絶対にここでしかできないもの」というのは、自分も今後意識していきたい。そこで発表するなら、そこでしかできないことが何なのかを考えないとって。

仮に別の場所でやるなら、そこで聞こえてくる音だったり建物の構造だったりに合わせて、こちらが変化しなくちゃいけない部分が絶対にあると思うし、そのあたりは流動的にできたらいいなとは思います。

それと、音とか撮影とかの技術自体に視線がいってしまう、つまり技術が見えてしまうのが本当にいいのかとは考えます。個人的には、何かが鳴っていることにすら気づかないくらい、最初からそこにあったような、自然な溶け込み方をさせる人の方がすごいと思っていて。

少し脱線しますが、映画の撮影で路地なんかを撮っていると、おばあちゃんが物干し竿に洗濯物をかけていたりする。それを助監督が「(撮影なので)すみません」って畳んじゃって、「いやいや畳まないで」って戻してもらったらもう全然違うものなんですよ(笑)

コリー わかる。絶対再現できないよね。

甫木元 そうなんです。そこにあるものを尊重するというのは案外難しい。コリーさんが室戸に来て音楽を作ってくれて、牟田口さんがこの空間で音響設計してくれた。自分のエゴとは別に、場の力とか色んなものを飲み込みながら、それぞれが面白味を見つけながら作るといった姿勢は、かなりの度量がないとできないことなのかなって。

5
頭のなかで鳴る音

コリー
今回展示を観る人の多くは、海が身近な環境で育っている。海の音が不自然な聞こえ方をすると、やっぱりすごい違和感があると思うんですよ。

牟田口
海はもとからそこにあるもの、というのは意識しましたね。（海の音の）ボリュームを下げても、そもそも（須崎の人は）頭のなかで鳴っているのかなと思って。

甫木元
音楽に合わせて（海の音を）大きめに鳴らしてみたりもしましたけど、そうすると人の声とぶつかる。牟田口さんが「もしかしたらそこは引いてもいいかもしれないよ」と言ってくれた。それはこの須崎という土地につながる話でもあるのかなって。この町の人は、頭のなかで波音が鳴ってる、飼っているというか。僕の映像に出てくる人が、元漁師だということも含めて、そういう人たちが展示を観に来るというのは前提で考えたほうがいいねって。

牟田口
（海の音の音量を）下げたことで全体が整った、抜けた感じがしたんですよね。少しボリュームが大きい状態での波の音より、実際の海に近づいた感覚があった。スクリーンの、（港町の）家のなかでおじいさんが話している、その奥にある海が聞こえているのかもしれない、と思わせるような。このギャラリーの近くにある海も。単なる波音から、もっと色んなことを表現しうる音になったんじゃないかと思います。

牟田口
音が大きいと「ああスピーカーから出てるな」って思ってしまうので、それは極力避けたくて。「頭のなかで鳴っている音」というのが理想、絶対に忘れませんから。

甫木元
その感覚すっごいよくわかりますね。

牟田口
わかるでしょ？　たとえば自転車に乗っていてふと思い出す——そういうときの心に響く音、もう音楽じゃないのかもしれないですね。情景というか、効果音とでもいえるかな。陳腐な言い方をすると、人生では自分が主人公じゃないですか。だからＢＧＭが鳴るんですよ。登場シーンのジャジャーン！みたいな。実際には鳴らないんですけど、頭で鳴るときはあるじゃないですか。めちゃくちゃわかりやすくいうとそういうことなのかな（笑）

甫木元
すっごい鳴る音と鳴らない音がある。頭に残る、残らないの違いかもしれないですけど。今回は、海の波音が、頭のなかに持ち帰れるボリューム感だなって思って。言葉にはしにくいんですけど、(観る人の)記憶の音と繋がりやすいというか…。

牟田口

何かを思い出すときって、絶対頭のなかでその音を鳴らしているじゃないですか。

スピーカーから出ている音が、そういう風に聞こえる瞬間があったんですよね。うまく説明できないんだけど、コリーが室戸で録音したという事実が音に何らかの作用を起こしていると俺は信じていて。周波数や音の質とかの点では、知らない人が録った音と区別がつかないかもしれないけど、きっとそういうことではない。

単純にいうと僕は音量の調節をして、コリーが作った音を流す、甫木元くんは映像を再生する、だけなんだけど、やっぱりそれだけじゃない何かが起きている。そう信じてます。コリーが作る音楽はね、その頭のなかで鳴ってる音に近いんですよ。まあ趣味が合うってことなのかもしれないけど。

甫木元

作品《声》で朗読した大崎二郎の「海」という詩の「今では記憶だけが饒舌なのだ」っていう一節は、頭のなかの音がどんどん増えていった状態のことだとも思うんですよね。

6
重なる記憶、考えるためのレイヤー

甫木元

その「海」では、落ち葉を掃くお坊さんの情景描写があるんですけど、いくら掃き集めても風が吹いたら散ってしまって終わりがない。けど今日もやっぱり、たまに空とかを見ながら黙って掃く、「生きる、とはそういうことかも知れぬ」と結ばれるんです。海や人生はわからないものなんだよってことなんじゃないかなって。「わからない」を前提に、今を生きている自分は何をすればいいのかを考えるのが必要かなって。

ビキニ事件は時間も経って、活字になったものを読んだり誰かから又聞きしたりで、当事者ですら記憶が多重化して、何が実際に起こったのかわからなくなってきている。

コリー

今回はさらに複数のレイヤーがあるわけですよね。個人が持っている記憶のレイヤーもあれば、「あなたはそれ(水爆)を見ていません、あなたが見たのは虹です」みたいな政治的なレイヤーまである。波を追うことができないみたいに、真実も追いきれない。果たして見たのは虹だったのか、雪なのか、幻覚のように感じてしまうところすらある。それを和室で聞くのがすごく意味深い。鑑賞者が家にいるような感覚で寝っ転がって聞いていたのもすごく不思議だし。

浦木元
コリーさんは最初からレイヤーの話をしてくれましたよね。それが感じられないとこの作品はすごく記号的なものに、簡単に被曝者を被曝者としてしか見られないようにできてしまう。それはしないように、というのは心がけました。
たとえば僕が「被曝者」に話を聞くために彼らを訪ねるときと、「(事件の)話を聞きたいならうちの友達の▲▲さんのところに行ってくるといいよ」「じゃあ次はうちの旦那のこと撮りなよ」って繋がりを持ちながら訪ねて行くのとでは全然違う。
それもあって短編映画《その次の季節》では、家族の話をしているシーンをできるだけ多く入れようと思った。《顔》とは違ったレイヤーの物語なんだとわかるように。もちろん、事件に焦点を当てた《顔》でも家族の話は出てきたりするんですけどね。

牟田口
今の話を聞いて、この展示は詩みたいだなって思いました。
ドライな言い方をすると、ビキニ事件とか戦争とか、この長い地球の歴史のなかで起こった現象のひとつじゃないですか。では倫理的にはどうなのか。それを考えることが、人間が営みを続けていくうえですごく重要で。
問題提起をして考えるということが、この展示の目的のひとつだとしたら、あの展示方法はやっぱりすごく合っていると再認識しました。つまり平面的なものを一方通行で見せられると、あまり考える余地がない。マルチスクリーンにして同時に言葉を再生することで、観ている人は自ら聞きに行ったりしなくてはいけない。
詩もそうじゃないですか。はっきりとした文法で情報を伝えるものではないから、受け手は理解を深めるために考える。この展示はそれを成し得ているのかな、と。

浦木元
「もしかしたら自分がその立場にいたかもしれない」と考えるのが一番大事なことだと思っています。単に被曝者が語っていたということだけだと、語り継ぐことは難しいんじゃないか、って。そのためには、記号的な図式に当てはめたりしないで、その人がどういう人間だったかを示さないといけない。すごく難しいけど。
映像や映画はカットとカットをつなげて、レイヤーを重ねることができることが強みだとも思っているので、観た人が作品を通して色々と考える余地が生まれているといいな。

コリー・フラー
(サウンド・アーティスト/ミュージシャン)
むたぐち・ひかり
(音響設計/WHITELIGHT)

「その次の季節」を生きるためのブックガイド

甫木元空 選

映像は、編集によって加害者を被害者に、あるいは被害者を加害者に見せることもできます。カメラは拳銃にたとえられるほど暴力的なもの。撮る側の視点や伝えたいことによって内容が変わってしまうため、そうした暴力性は自覚すべきと思っていました。一方で、どこか記号的に「被害者」や「被曝者」といったスタンスで被写体が話しているときは、その人自身の「気配」が感じられません。作品に被写体の気配を残すために、彼らとの距離感だけは間違わないようにしたかった。その人の「素」を撮りたいというだけかもしれませんが、だからといって被写体に感情移入しすぎても気持ち悪いし、離れすぎていても機械的になってしまう。そこで自分の体験を綴っている作家や詩人、歴史を聞き取りながら書いている人たちの「人やものに対する距離感の測り方」を作品作りの参考にしました。

詩人・大崎二郎のすべて

『大崎二郎全詩集』

大崎二郎 著、コールサック社、2010年

学徒動員で中国に派遣された大崎二郎は、大陸から日本を見ているというか、俯瞰的な視点を持っていると思います。自分だって戦争の被害者で理不尽な体験をしているのに、国を超えて日中どちらの側にも寄り添うことができている。また、たとえば「南洋にふる雪　—ある漁船員の死—」では、事実を明確に伝達する新聞を参照して自分の世界に落とし込んでいますが、そうした事実への向き合い方も面白いなって。この全詩集には既存の詩集に所収された詩のほか、詩集に掲載されなかった詩も収録されています。未収録詩は実生活で新聞をめくっているときなんかに条件反射的に紡いでいるような感じがして、大崎二郎という個人がより現れている気がします。

人々の声や息遣いを掬う

『民俗学の旅』

宮本常一 著、講談社、1993年（文藝春秋社、1970年）

『忘れられた日本人』

宮本常一 著、岩波書店、1984年（未來社、1960年）

宮本常一は民俗学者で、日本各地を歩いて見聞きした人々の生活を書いた人。物語になっていない人々の声や息遣いをどのように掬い上げ、（作品に）落とし込むかを考えるにあたり一番参考にしました。特に『民俗学の旅』には、宮本が故郷を出るときに父親から言われたという「旅をするときにはこういうことに気をつけろ」的な10の教えが載っていますが、ここにそのまま掲載したいくらい、本当に影響を受けました。

『高知県方言辞典』

土居重俊／浜田数義 編、高知市文化振興事業団、1985年

土佐弁と幡多弁の違いなど、単語ごとの使用地域や法則性について事細かに書いてあるすごい本。（個展に出品した）《声》の着想源です。今回の制作で、大崎二郎の友人でもあった高知県在住の詩人・山本衛さん（《声》における詩の朗読者のうちのひとり）と知り合い、昔は部落ごとに細分化していた方言が、テレビの普及や教育などによって均されたことを教えていただきました。

先人の取り組みを通してビキニ事件を知る

『ビキニの海は忘れない ——核実験被災船を追う高校生たち』

幡多高校生ゼミナール／高知県ビキニ水爆実験被災調査団 編、平和文化、1988年

『核の海の証言 ——ビキニ事件は終わらない』

山下正寿 著、新日本出版社、2012年

『ビキニ核被災ノート 隠された60年の真実を追う』

「ビキニ核被災ノート」編集委員会 編、太平洋核被災支援センター、2017年

『NO NUKES ビキニの海は忘れない』

岡村啓佐 著、NO NUKES（核はいらない）プロジェクト、2018年

幡多ゼミや山下先生が行ってきた取り組みを知るために読みました。土地の歴史を調べるための高校生のフィールドワークが偶然ビキニ事件にぶつかり、その実態が明らかになっていったという経緯自体重要だと思っています。僕の制作は彼らと同じくフィールドワークに基づいていますが、いま事件関係者を撮影するのであれば、それとは違うことをしないと意味がない。いまだからできることを模索するためにも、山下先生たちがどのように歩んで成果を積み重ねてきたのか、（事件関係者に対し）どういった聞き方をしているのかを参考にしました。

『原爆体験』

濱谷正晴 著、岩波書店、2005年

様々なデータを用いて、科学的・客観的な視点から原爆の体験にアプローチした本です。個人の感情を引き剥がした統計やアンケート結果だから見えるものがありました。

『海辺の光景』

安岡章太郎 著、新潮社、1965年（講談社、1959年）

安岡章太郎は高知県出身の作家。でも出身地は関係なく、何気ないディテールの描写がすごく好きで、「余白」の見せ方を参考にしました。何の変哲もない事柄の描写で、実際の映像以上に時間が伝わってくるというか。小説や言葉でしかできないことを突き詰めていると思います。

『WAVE』13号 特集クジラ

WAVE +ペヨトル工房 企画・制作、WAVE、1987年

捕鯨はビキニ事件被害者が住む室戸の伝統産業。室戸で聞き取りをしていると、黒潮に乗って和歌山から受け継いだ捕鯨の伝統が室戸に根づいていることを実感します。室戸には鯨を供養するお寺もあり、鯨を弔う文化がある。室戸の昔からの産業であり、文化の根底にある捕鯨とは何かを考えているときに出会った1冊です。

『B面昭和史 1926-1945』

半藤一利 著、平凡社、2019年

いわゆるA面の昭和史には出てこない、庶民の視線から見た昭和を描いた本。B面という考え方や感覚がすごく面白い。ビキニ事件を扱った映画が色々あるなかで、僕の作品はB面、余白の部分に着目しているので、その意味では民俗学に近いかもしれません。

『対訳 21世紀に生きる君たちへ』

司馬遼太郎 著、ドナルド・キーン 監訳、
ロバート・ミンツァー 訳、朝日出版社、1999年

父から絶対に読んでおけと言われ、小さい頃から読んできた本。歴史は過去から繋がっているまっすぐの線じゃなくて、層みたいになっている。過去はただ過ぎ去ったものではなくて、現在に続いていて、それが未来すら語るかもしれない。そういう感覚を教わりました。

『核の大火と「人間」の声』

大江健三郎 著、岩波書店、1982年

大江健三郎の講演会記録がまとめられた本です。大江健三郎という一個人の視点から見た核、核にまつわる物事の考え方を参考にしました。

個展会期中は、会場入口のホールに資料コーナーを設け、手に取って読んでもらえるようにしました

山　下　正　寿
講　義　録

「甫木元空 個展 その次の季節」の関連イベントとして山下正寿さんに特別レクチャーを依頼しました。

僕の取材は山下さんとの出会いから始まっています。このレクチャーでは教育者としての観点から、これまでの活動についてお話しいただきました。2021年6月26日にすさきまちかどギャラリー/旧三浦邸で行われた講義内容を、活字化にあたり再構成します。

左：甫木元空　右：山下正寿

幼少の記憶と高知の被曝者

こんにちは、山下です。今日はよろしくお願いします。はじめに、私が何故この事件に関わったのか、少しご紹介します。

私が生まれ育ったのは、高知県宿毛《すくも》市片島という港町です。母親が菓子屋、父親が時計屋を営んでいました。私は6人兄弟の下から2番目でしたが、出来が悪くて、小学校1年生のときはほとんど学校に行きませんでした。いまで言う不登校児ではなく、単に学校が嫌で、山や海に行って遊んでばかりいました。何をやってもダメな子でした。たとえば走ってもビリか、ビリから2番目。ただ、家の手伝いだけはしていて、お店番はよくやりました。

お店で番をしていると、沖の島（高知県西南部にある離島）のマグロ漁民が、島に帰る前にお菓子を沢山お土産に買っていくのです。日焼けした彼らは、見た目にもイキイキしていて、笑うと歯が真っ白ですごく格好よかった。子どもに対しても優しかったですね。

ビキニ事件は、私が9歳のときに起こりました。4年くらい経つと、その人たちに異変が起きました。まず、首の付け根に大きなコブができたりした。（マグロ漁民は）海の上で操業するからみんな声が大きいのですが、単にかすれているというより一生懸命出しても、声が出なくなったという感じでした。それから、まだ20代30代くらいなのに、頭が白髪で真っ白になった。鉢巻きの跡もついたままで、表情も急に老けましたね。「いったいこの人たちはどうしたのだ」という思いはあったけれど、当時は子どもだから事情がわかりませんでした。

東京での大学生活を終えた私は、教師になろうと思って宿毛に帰ってきました。なぜ教師かというと、自分が地域に育てられたという思いを強く持っていたからです。本当に、海とか山とか近所の人とか、（宿毛は地域との）繋がりがすごく濃かった。夕方になると、四つ角にある家の周りには、涼むために近所の人たちがいっぱい集まってくるのです。ふと、子どものときに出入りした近所の家は一体いくつあるかと思って数えたら、50軒はありましたね。それだけ子どもを受け入れてくれた地域でした。そういうなかで育ち、地域の歴史や人を知っていることは、財産だと思ったのです。それを子どもたちにも伝えたいと思って、母校の宿毛高校に勤めました。

ある時期から、「父母・祖父母の青春時代」と題した、生徒と同じ十代後半にどういう暮らしをしていたのかを調べて書くという宿題を出しました。7年ほどでおよそ1200人の逸話が集まりました。終戦前後の時期のおじいちゃん、おばあちゃんの体験記録が中心です。

この地域にものすごく厚い歴史があることが私もわかり、それを学生たちと一緒に調査したいという思いでいました。ただ、学校は外出許可や事後報告の手続きが煩雑で、高校生の要望にはとても応えられない。そうした事情もあり、地域に出やすくするために、「幡多《はた》高校生ゼミナール」という社会教育・生涯学習サークルを立ち上げたのです。1983年のことでした。学校は関与せず、教師も自由にボランティア――顧問として活動を応援する。つまり、上から許可をいちいち貰わずに動けるような状況を作りました。それで最初に、沖の島に強制疎開の調査、翌年は柏島の特攻隊基地を調査した。

85年の広島・長崎の被爆40周年のときには、地域の被爆者を調査することになりました。小筑紫《こづくし》に住むおばあちゃんが長崎の被爆者だというのを聞き、彼女を訪ねました。すると、「うちの息子は長崎でも被爆したけど、ビキニでも被曝した」と。私は社会科の教員でしたから、被曝といえば第五福竜丸のことしか知識がなかったので、「第五福竜丸に乗っていたのですか」と質問すると、「ちがう。室戸の船だ」と言う。しかも息子さんはその後、海に入って自殺したという。とにかくびっくりしました。代わりに事情を調べようじゃないか、ということから調査がスタートしたのですね。これが、私がビキニ事件に関わり始めたきっかけです。

高校生の熱意

生徒は何も知識がないですから、軒並み調査をすると言って宿毛市の小さい漁村、内外ノ浦《ないがいのうら》を1軒1軒訪ねて行った。すると、事件に関係する家が3軒に1軒くらいの割合でした。当時、船に乗っていた人と、マグロを捨てたという人が一番多かったですね。その次に「死の灰」を見たという人。ほかに、友達や仲間が次々と癌で死んでいる、40代50代くらいで亡くなったという証言、あれもこれも出てきました。

高知県幡多郡の14漁村に、毎週土日にかけて高校生たちと調査を行いました。すべての港に関係者がいました。（実験の）光を見たという人も次々に出てきたので、「これは只事ではない、なんでこんなに証言者がいる事件が、第五福竜丸の話だけなんだ、ここまで誰が隠したんだ」と、疑問が噴出しました。
（マグロ漁船の）一番の母港である室戸にも行きました。宿毛から室戸まで、高知県の端から端ですからね、車でまっすぐ行っても5時間はかかる。高校生は日帰りしないといけないときもあったので、朝4時に集まって行ったりもしました。

でも、室戸の人たちは、最初ほとんど話してくれませんでした。「そんなこともあったかなぁ」「記憶にない」とか言って。事件当時、これは大変なことだと汚染マグロばかり新聞に出るものだから、マグロの値段が下がったのですよね。魚価が下がると給料に影響しますから、余計なことは言うなと箝口令が敷かれた。その名残がまだあったのですね。室戸には当時のマグロ漁船の船主といった有力者がまだいて、上下関係が生きていた。幡多地域にはそれがなかったのです。しかし、（遠くから）何度も高校生が行くものだから、室戸の元船長や漁労長たちも、「高校生が真面目に調べようと来ているのだ」「あの子たちに損得はない。俺たちは嘘を言うわけじゃないぞ、自分が体験した本当のことを言うのだ」「一生懸命知りたがっているんだから、ちゃんと伝えようじゃないか」と話をまとめてくれました。

それからは次々と、びっくりするくらい証言が出てきます。マグロ船は室戸に多いですからね。なかでも室戸岬町は2軒に1軒くらい関係者がいました。あそこもここも…高校生は必死になってメモを取って、「話をしてくれているのは、ただのおじいちゃんじゃない。大変な思いをしてきた現代史の証言者だ。いま、私が自分で記録しないといけないのだ」という思いに駆り立てられて記録していました。

事件によってその人や家族の人生がどう変化したのかを聞き取り、現代史のなかに隠された事実に身をもって迫ることを通じて、教師も高校生も、学校では学べない学習を積み重ねたのですね。だから、飽きることがない。次々に知りたいことが広がります。

「マグロ漁業ってどんな漁業ですか？」「なんであんなに遠くまで行くのですか？」「どうやってマグロを獲るんですか？」「被曝したときは、海での生活で海水は使ったのですか？」

海上生活では、汚染した海水を使わざるを得ない。歯磨きから米研ぎ、野菜を洗うことからお風呂まで、全部。普通の水は貴重品。降ってくるスコールを待って、わざわざテントを張って水を溜めて、それを飲料水に使うのです。だからこそ漁民が、汚染された海水を体内に取り込まざるを得ない環境に置かれていたということがわかります。

（実験があった3月から）12月までに、延べ1000隻近い船が次々とマグロを廃棄させられました。なぜ汚染マグロが広がっていったのか。それには、黒潮の海流が関係しています。当初、実験で汚染された海水は薄まると科学者やアメリカは言いました。これは福島原発事故のときと一緒ですね。ところが海水には温度差がある。泳ぐと海水の下の方が冷たいでしょう？　海中100メートルくらいでも汚染水は混ざらない。そのまま少しずつ広がりながら、小笠原の方まで移動した汚染海域で育ったマグロが、ずっと獲られていたということがわかりました。

マグロだけが調査対象だった

東京の第五福竜丸展示館も訪れました。当時マグロを検査した東京都の職員の方が来て、一生懸命証言してくれました。そのとき高校生がこう言ったのです。

「なぜ人を調べなかったのですか？　なぜマグロだけを調べて、漁民を調べなかったのですか？」

私なんかでは遠慮して言えないですけど、スパッと本質を突いた質問でした。漁民を調査しなかった理由は、東京都から派遣されたのが医者ではなかったからです。福竜丸と同じように「危ない」と思ったら、医者が漁民を検査すべきですよね。「あなたは放射能を浴びているのだから病院に行きなさい、検査しなさい」という指示が出されるべきですが、そうではなく、マグロ（の放射能）だけを測る職員が派遣されていた。アメリカは缶詰マグロを大量に輸入していました。そのマグロが自国に入ってくるのを防ぐために、マグロを調べろという指示をアメリカが出したのです。日本の漁民のためではないのです。


（第五福竜丸に乗っていた）久保山愛吉さんの奥さんを訪ねたいということで、（静岡県の港町）焼津にも行きました。それまで奥さんは、あまり人に会わなかった。水爆反対運動が分裂して、両方から引っ張られるのが嫌だというのもあったと聞きました。

高校生が来るからと、と会ってくれたときには「見舞金を第五福竜丸だけが貰ったことで——私は使わずに置いているけれど——周りからは妬まれた。第五福竜丸の船員ほど酷くはないけど、実験の周辺海域で操業して病気になっても（他の船には）何の補償もないのに、福竜丸だけ（見舞金を）貰ったというので妬まれたのです。悔しかった、辛かった」と仰っていました。

延べ1000隻近い被曝船があって、第五福竜丸だけが被曝したわけでは決してないのですが、その事実を歪めるためにこの船だけを補償したのだと思いますけどね。それで孤立したのです。高校生は、相手の立場になって聞こうとします。教師ではなく、若い世代の高校生だから話を引き出せた、事件に光をあてることができたのです。

知りたいから学ぶ

疑問が出てきては調べて考えることで学びが深まっていく。知りたいから学ぶ、これが本当の学習です。残念ながら、日本の学校ではほとんど「知りたいから学ぶ」学習はしていません。私は社会科を教えていましたが、政治経済の教科書に、海のことは1ページ、200海里問題しか載ってないのです。これだけ海に囲まれた、漁業によって成り立っている国でありながら。農業や林業もそうで、一番重要な第一次産業には触れないことがほとんどです。そして現代史も、教科書には載ってはいますが、教えるところまでいかずに受験を迎える。だから日本の子どもや青年は、漁業、農業、林業を知らない。現代史も知らない。自分の生活している地域のことも知らない。そういう状態のまま育っているということに、私は一番危機感を持ちました。

それを体験的に乗り越えていったのがフィールドワー

クだったわけです。目の前にいるのは、実際に現代史を体験した証言者で、その人を通じて学んでいくということですからね。しかし、高校は3年間、ちょっと勉強して「あっ」と気づきを得たら卒業です。先輩がやった活動を後輩が引き継ぐことで、調査が広がっていったわけです。

幡多ゼミに参加した学生の進路で多かったのは福祉関係で、次に公務員、教師ですね。私たち教員は、調査の旅の帰りに、進路について話す時間を個別に設けていました。ゼミの学生に多かった変化は、社会科を関心のある教科と捉え得意教科になったということ。

また、私たちは調査対象の周りにも話を聞きました。たとえばマグロ漁業だけではなく、カツオ漁業はどういう漁をして、どういう販路を取るのかなども聞くようにしていました。海の面白さを知っている人や、実際に生活している人に会って話を聞き、希望の進路を見つける機会を意識的に作っていました。

学校に馴染めない生徒や不登校気味、いじめられている生徒が、年度によっては半分近くいることもありました。無表情で、話もしないで固まっているような、大丈夫かなと思ってしまう生徒たちは、先輩の幡多ゼミ生たちが顧問をバカにして、言いたい放題、車の中でも騒いで、勝手に歌を歌ったり、ここは何をしてもいいという安心感を持ったのではないでしょうか。

ゼミ生同士は上下関係もないですから、ひとりの人間として興味を持とうとする気持ちが出てくる。同じ証言を聞いても、受け止め方が各人で違うということが非常に大事です。緊張気味だった子もだんだんと表情が出て来て、発表し合うようになると、私も何か言わなきゃと手を挙げて自分の言葉で喋って、表現を始める。こうしたことを重ねていきました。

自分の体験を通じて話をするという能力を身につけたら、「こういう体験をしたから自分はこういう風に変わって、こういうことに興味を持った。だから、ここでこういう勉強をしたいと思います」というように、将来どういうことがしたいのか、自分の言葉ではっきり言えるようになったのですね。それから、文章を書く力もつきました。具体的な事例から派生して地域から世界へ繋げていくという発想も、少しずつできるようになっていったように思います。［談］

やました・まさとし（太平洋核被災支援センター事務局長）

「ビキニ事件」の現在

塚本麻莉 編

ビキニ事件とは

1954年、アメリカは6回の水爆実験を太平洋のマーシャル諸島ビキニ環礁・エニウェトク環礁で実施した。このときビキニの近隣海域にいた焼津船籍の遠洋マグロ漁船「第五福竜丸」は、3月1日のブラボー実験による爆発光と巨大なきのこ雲を目撃し、爆発に際して生じた放射性降下物「死の灰（強い放射線を帯びた珊瑚の粉末）」を乗組員全員が浴びた。だが、当時の周辺海域には第五福竜丸のほかにも数多くの日本漁船が操業していた。3月から12月までに日本に帰港し、獲ったマグロを廃棄させられた延べ992隻の日本漁船のうち、延べ270隻（約120隻）は高知県の漁船だった。

事件は「第五福竜丸事件」と呼ばれる場合もあるが、この名称は被害の狭小化につながりかねないため、本書では「ビキニ事件」としている。

アメリカはマーシャル諸島での核実験を58年まで続けたが、一連の実験による放射性物質の拡散はアメリカ南西部やアフリカ大陸にまで及び、地球規模の環境汚染すら引き起こした。

高知におけるビキニ事件の被害

第五福竜丸の被災は日本国民に衝撃を与え、原水爆禁止運動が全国で巻き起こった。海上での実験は漁業関係者にとって死活問題であったため、遠洋漁業基地の高知県室戸では、被害補償要求や実験の中止を訴える大会が開かれた。しかし、声を上げれば上げるほど人々はマグロを避け、結果として魚価が下がる。このジレンマによって運動は勢いを失い、漁業界特有の上下関係も影響して、船員やその家族といった漁業関係者間ではビキニ被曝に関する箝口令が敷かれた。

55年に日米交換公文が交わされ、アメリカが日本に200万ドル（約7億2000万円）の見舞金を支払い一連の騒動は解決したとされた。見舞金の配当は日本政府に任され、第五福竜丸関係の慰謝料および傷病手当金のほか、廃棄させられた漁獲物の損害額や漁価下落の補填などに当てられた。高知県への配分はおよそ８７００万円、一隻あたりの慰謝料はわずか49万円に過ぎず、実際の損害に見合うものではなかった。なにより第五福竜丸以外の被曝した漁船員らの健康被害は度外視され、彼らの追跡調査が行われることもなかった。

事件の現在

85年以降、高知では「幡多ゼミ」の高校生の調査を機に再びビキニ事件が注目され、被曝した元漁船員の多くが癌などの病で早世していたことも明らかとなった。

日本政府は長らく事件当時の資料は残っていないと答えてきたが、２０１４年に厚生労働省が被災船や乗組員の放射線量検査結果が記された資料を開示した。16年、県内外の元漁船員やその遺族らは文書を開示してこなかったのは違法だとして、国に対し損害賠償を求め提訴した。高知地裁の一審および高松高裁での控訴審では、元漁船員の被曝は認められたものの、国側が故意に資料を隠したとは認めず、国家賠償請求権もすでに消滅しているとして原告の請求を棄却した。一方で、いずれの判決でも「漁船員の救済可能性については改めて検討されるべき」との考えが示された。

２０２１年現在、一部の元漁船員とその遺族は事実上の労災認定に当たる船員保険の適用を求め、全国健康保険協会と係争中である。ビキニ事件は、まだ終わっていないのだ。

核実験およびビキニ事件をめぐる主な出来事

●…核実験にまつわる事項
○…幡多高校生ゼミナールの活動やビキニ核被災調査に関する事項
★…ビキニ事件に関係する主要な作品・映画・書籍・新聞記事
◎…その他ビキニ事件に関係する出来事
その他、編者の注記は〈〉内に付した

1945年

●7月16日　米国、ニューメキシコ州で初の核実験「トリニティ」を実施

●8月6日　米国、広島に原爆「リトルボーイ」投下

●8月9日　米国、長崎に原爆「ファットマン」投下

1946年

◎3月　米国、核実験のためにマーシャル諸島ビキニ環礁の住民を強制移住させる

●6月30日　米国、マーシャル諸島ビキニ環礁（太平洋核実験場、以下ビキニと表記）で核実験（計2回）

1947年

◎12月　米国、核実験のためにマーシャル諸島エニウェトク環礁の住民を強制移住させる

1948年

●4月14日　米国、マーシャル諸島エニウェトク環礁（以下エニウェトクと表記）で核実験（計3回）

1949年

●8月29日　ソ連、現・カザフスタンのセミパラチンスク核実験場で初の原爆実験

1951年

●4月7日　米国、エニウェトクで核実験（計4回）

1952年

●10月31日　米国、エニウェトクで史上初の水爆実験（計2回）

1953年

●1月　米国トルーマン大統領、水素爆弾の開発を発表

●8月12日　ソ連、セミパラチンスクで初の水爆実験〈実際には不完全な水爆〉

1954年

●3月1日　米国、ビキニ・エニウェトクで水爆実験「キャッスル作戦」（計6回）※

◎3月16日　読売新聞朝刊が第五福竜丸の被災を報道

※参照した*Battlefield of the Cold War: The Nevada Test Site, Volume I Atmospheric Nuclear Weapons Testing 1951-1963*, p.206におけるキャッスル作戦ブラボーの爆発日の表記は、現地時間からグリニッジ標準時に変換されているため「2月28日」となっているが、この箇所のみ日本時間での表記とした。他の米国による実験日時は全て本書の記載に倣い、グリニッジ標準時で表記している。

◎3月18日　厚生省、マグロ検査を指示

◎3月　各地で水爆実験禁止の署名運動が起こる

★5月2日　児童文学作家・いぬいとみこ、時事新報の依頼を受けビキニ事件をテーマにした童話「トビウオのぼうやは病気です」を発表

◎9月23日　第五福竜丸無線長の、久保山愛吉が死去

★9月　画家・桂ゆき、ビキニ事件をテーマにした作品《人と魚》を第39回二科展に出品

★11月3日　映画「ゴジラ」（本多猪四郎監督、円谷英二特撮監督）公開〈水爆大怪獣と銘打たれたゴジラは、海での水爆実験によって目覚めたという設定〉

◎12月31日　マグロ検査打ち切り

★画家・池田龍雄、汚染マグロをテーマに《埋められた魚》、《一〇〇〇カウント》などの作品を制作

1955年

◎1月4日　ビキニ事件被災の見舞金として米国が２００万ドルを支払うという内容の日米交換公文署名

◎8月6日　広島で第1回原水爆禁止世界大会

★画家・丸木位里、丸木俊（赤松俊子）夫妻、《原爆の図》の第9部として《焼津》、第10部に《署名》を制作〈《焼津》は水爆実験に怒る漁民、《署名》は杉並区の主婦から全国に広がった原水爆反対の署名運動が題材〉

★芸術家・岡本太郎、《燃える人》を制作〈「原爆にさらされた人間」をテーマに制作。左下に第五福竜丸が描かれている〉

1956年

●5月4日　米国、ビキニ・エニウェトクで核実験（計17回）

1957年

★画家ベン・シャーン、58年にかけて米国の『ハーパーズ』誌に物理学者ラルフ・ラップによる第五福竜丸に関するルポルタージュ記事に挿絵をつける〈連作絵画「ラッキードラゴン・シリーズ」に発展〉

1958年

●4月28日　米国、エニウェトク、ビキニおよびジョンストン島で核実験（計35回）〈米国、マーシャル諸島での核実験を終了〉

1959年

★2月18日　映画「第五福竜丸」（新藤兼人監督）公開

1963年

◎8月5日　米国、ソ連、英国がモスクワで「大気圏内、宇宙空間及び水中における核兵器実験を禁止する条約（PTBT）」を調印（発行は10月10日）〈地下での核実験は除外〉

1967年

★岡本太郎、壁画《明日の神話》を制作〈69年に完成。２００８年に渋谷駅構内に設置〉

1976年

◎6月10日　東京都立第五福竜丸展示館、東京都江東区に開館

1983年

○夏　高知県西部、幡多郡の高校生を中心とした自主サークル「幡多高校生ゼミナール」（以下幡多ゼミと表記）誕生

1985年

○3月　幡多ゼミ、高知県内のビキニ水爆実験被災船の調査を開始

○9月16日　「高知県ビキニ水爆実験被災調査団」結成

1986年

◎3月7日　山原健二郎衆議院議員が衆議院予算委員会でビキニ被災漁船員の全国調査を要請〈国側、米国の核実験に関する漁船の調査資料はないと答弁〉

◎4月20日　高知県幡多地域でビキニ被災者健康調査〈その後、室戸市でも11月、89年11月に2度実施〉

1988年

★3月1日　幡多高校生ゼミナール・高知県ビキニ水爆実験被災調査団編『ビキニの海は忘れない――核実験被災船を追う高校生たち』（平和文化）刊行

◎5月8日　大方町（現・黒潮町）、9日に宿毛市でそれぞれ「ビキニ被災船員の会」結成

◎5月11日　「高知県ビキニ被災船員の会」結成

1990年

◎3月　「室戸ビキニ被災船員の会」結成

★3月　映画「ビキニの海は忘れない」（森康行監督）公開

◎6月　「ビキニ環礁における水爆実験に伴う被災船員の医療保障に関する請願署名」6228筆を県議会に提出（自民党の反対で否決）

2004年

★3月1日　高知新聞、塚地和久「灰滅の海から　高知・ビキニ被ばく者の半世紀」連載開始（全13回、3月18日まで）

★3月15日、山下正寿編『もうひとつのビキニ事件――1000隻をこえる被災船を追う』（平和文化）刊行

◎3月24日　宿毛市で「ビキニ水爆実験による被災船員の救済に関する意見書」全国初の採択

★12月17日　高知新聞、塚地和久「続 灰滅の海から　ビキニ事件後の高知、韓国」連載開始（全10回、12月27日まで）

2005年

★4月　詩人・大崎二郎、「南洋にふる雪―ある漁船員の死―」を『二人』245号に発表

2011年

◎3月11日　福島第一原子力発電所事故

○6月　幡多ゼミが焼津平和賞受賞

2012年

★9月1日　山下正寿『核の海の証言――ビキニ事件は終わらない』（新日本出版社）刊行

★9月15日　映画「～放射線を浴びた～X年後」（伊東英朗監督）公開

2013年

◎11月　外務省、ビキニ事件公文書開示

2014年

◎4月　広島大学星正治名誉教授のチーム、ビキニ事件被災船員の調査開始

◎8月　広島大学星正治名誉教授、第五福竜丸以外のビキニ被災船乗組員の被曝を初めて科学的に裏付ける

◎9月19日　厚生労働省、ビキニ事件公文書開示〈10月に追加分も開示。556隻の漁船の被曝状況検査結果や政府の会議記録などが開示〉

2015年

◎3月16日　室戸市で高知県がビキニ事件被災船員の健康相談会を実施〈その後、土佐清水市、高知市でも実施〉

2016年

◎2月27日　ビキニ事件被害者やその遺族が船員保険適用の審査請求(10名)〈18年、厚生労働省請求認めず〉

◎5月9日　ビキニ国家賠償訴訟提訴(原告45名)

★5月22日　朝日新聞高知版、西村奈緒美「南洋の雪」連載開始(全37回、12月26日まで)

2017年

★3月1日　「ビキニ核被災ノート」編集員会『ビキニ核被災ノート　隠された60年の真実を追う』(太平洋核被災支援センター)刊行

2018年

◎7月20日　ビキニ国家賠償訴訟、高知地裁判決で原告側の訴えを棄却

◎8月3日　ビキニ国家賠償訴訟原告団(原告29名)、高松高裁に控訴

◎9月　ビキニ被災、船員保険適用の再審査請求(5名)〈19年、厚生労働省請求認めず〉

★12月10日　岡村啓佐『NO NUKES　ビキニの海は忘れない』(NO NUKES(核はいらない)プロジェクト)刊行

2019年

◎12月12日　ビキニ国家賠償訴訟、高松高裁判決で控訴棄却

◎12月　ビキニ被災、船員保険適用の再審査請求(3名)

2020年

◎3月30日　ビキニ事件に被災した元漁船員ら、全国健康保険協会に船員保険適用を求め高知地裁に提訴(原告9名)

★12月12日、13日　映画「その次の季節　高知県被曝者の肖像、遠洋漁業の記憶2020」(甫木元空監督)公開〈21年12月11日、12日に第2弾を公開〉

2021年

★6月12日~7月4日　すさきまちかどギャラリー/旧三浦邸にて「甫木元空　個展 その次の季節」開催

【参考文献】

2006. *Battlefield of the Cold War: The Nevada Test Site, Volume I Atmospheric Nuclear Weapons Testing 1951-1963,* United States Department of Energy

岡村幸宣『非核芸術案内　核はどう描かれてきたか』岩波書店、2013年

公益財団法人第五福竜丸平和協会編・発行『第五福竜丸は航海中――ビキニ水爆被災事件と被ばく漁船60年の記録』、2014年

「ビキニ核被災ノート」編集員会編『ビキニ核被災ノート　隠された60年の真実を追う』太平洋核被災支援センター、2017年

川口隆行編『〈原爆〉を読む文化辞典』青弓社、2017年

「ビキニ国賠認めず 高知地裁 元船員らの訴え棄却」高知新聞、2018年7月20日

「ビキニ被ばく訴訟判決(要旨)」高知新聞、2018年7月21日

「高知地裁判決 国の資料隠し認めず ビキニ訴訟 救済の必要性言及」高知新聞、2018年7月21日

「「ビキニ労災」再び棄却 厚労省審査会 元船員ら11人全員」高知新聞、2019年10月4日

「ビキニ被ばく訴訟判決(要旨)」高知新聞、2019年12月13日

「高松高裁判決 元船員の訴え再棄却 ビキニ訴訟 国の文書隠し認めず」高知新聞、2019年12月13日

「ビキニ労災適用提訴へ 来月30日 県内の元船員ら9人」高知新聞、2020年2月12日

太平洋核被災支援センター編・発行『ビキニ事件はまだ終わっていない――水爆実験被災船員・遺族救済のための資料集――』、2021年

あとがき

　詩人・大崎二郎は、僕が四万十町に移住した2017年に亡くなりました。直接お会いすることはできませんでしたが、生前を知る方々のお話から、その人柄を偲ぶことはできました。大崎さんは酷使される中国人労働者の姿を目の当たりにしながら、大陸で敗戦を迎えています。そうした経験の影響か、「大陸から見た日本」という独特な視点を持ち、日本が島国であることに自覚的で、被害者・加害者ということだけでは語りきれない、様々な立場に寄り添った作品を残しています。彼の視線は、自分の作品作りでも大いに参照することとなりました。

　山下正寿さん率いる幡多《はた》ゼミのフィールドワークでは、高校生が地元のお爺さんやお婆さんに「土地の歴史や人生について教えてください」と訊ねたことで、予期せずビキニ事件で被曝した過去を持つ人々の存在が明らかになりました。彼らの姿勢は、たとえば日本の各地を訪ね歩き、土地の人々から話を聞き取った民俗学者・宮本常一の実践と共通する部分があるように思います。

　そうした先人たちの「声」の集め方を手掛かりに、僕も人々にカメラを向けました。


　「声」に意識が及んだのは、なかなか改まって聞くことのない家族の過去について。祖父との何気ない会話が始まりでした。

　毎日17時から晩酌を楽しむ90歳の祖父。ハマチ、トビウオの刺身をつまみに、ビールを1缶飲み干し、ポットからお湯を7割、酒3割の焼酎を3杯。

「昭和12年頃やったかね、小さいときからあった。おじさんが電気をひいてくれてラジオがきたもんよ。使い方なんてわかるか。最初はぴゃーぴゃー言っちゅうだけのもんよ。次々増えて、真空管、トランジスタラジオかね？…玉音放送は自宅で聴いた。最初はひゃーひゃー言ってるだけでなにも聞こえんかった。なぜか自然と涙が流れたもんよ。あの時分は、沖縄か高知か上陸を見定めるためによう焼夷弾が落ちてきた。B29かね。あれは、地形を調べとったもんよ。しょっちゅう光っとったわ。中村の手前、大方《おおがた》の海沿いから侵入したかったみたいじゃね、上陸の話があったき。ここらを兵隊が通ったもんよ。木造の見せかけの銃を背負った兵隊がね。それを見て、こりゃいかんと思った。ほんまぜ！　そんでよ、沖縄戦があって原爆が落ちて終わりじゃ。終戦の翌年が、南海トラフ（昭和南海地震）やったと思う。12月で寒くて。家は瓦が落ちたぐらいなもんじゃったけど。近所のみんな集まって。田んぼで火を焚いて、よってたかって温《ぬく》めあったもんよ。」

　祖父はどんな話も唐突で、酒と混ぜて、ボヤキでもって、ハキ捨てる。

「この世に、びっしり、よおらん。あと少しの命。難儀なね。まぁでも、これが飲めてるうちは上等よ。これが元気の源やき。」

　70〜80年代、四万十町（旧・窪川町）は原発建設予定地でしたが、それももう過去の話です。

　自分が、ここに暮らす家族から戦争の話を直接聞ける最後の世代であるということ、家族史が歴史の一部であるということに触れた瞬間、様々な偶然の上に僕が立っていることを思い知らされます。「声」が失われていくなか、何を残し引き継ぐべきか、答えはまだ出ていません。

　ビキニ事件から長い月日が過ぎ、関係者の多くはすでにこの世を去りました。存命の方も高齢化が進み、古い記憶がニュースや本で読んだ情報に塗り替えられ曖昧になってきてしまっているとも感じました。2021年のいま、被爆者の方と会い、その姿を残すということは、そうした時間と向き合うことでもあります。「その次の季節」のその次を生きる者として、さらに取材を続け、最終的には長編ドキュメンタリー映画を発表する予定です。

撮影の実施にあたり、幡多高校ゼミナールの皆さん、山下正寿さん、濵田郁夫さんにはひとかたならぬお世話になりました。

『大崎二郎全詩集』を出版されたコールサック社の鈴木比佐雄さん、寄稿してくださった廣江俊輔さん、会場の記録写真を撮ってくださった高橋洋策さん、個展の喧伝材から本書に至るまでのすべてをデザインしてくださったタケムラナオヤさん、高知県の方言や詩について教えてくださり朗読までしてくださった詩人の山本衛さん、作品音楽を手掛けてくださったコリー・フラーさん、音響設計を引き受けてくださったWHITELIGHTの牟田口景さん、会場の造作や映写装置設計などテクニカル面をサポートしてくださったすさきまちかどギャラリー／旧三浦邸の川鍋達さん、佐々木ホゲットさん、大野順子さん、キュレーションで作品の根底を支えてくださった高知県立美術館学芸員の塚本麻莉さん、本書の版元this and thatの増田千恵さん。個展の開催と本書の刊行にあたり、ここに挙げきれないほどたくさんの方々に力を貸していただきました。この場を借りて深くお礼申し上げます。

最後に、自分の体験をありのままに話してくださった高知の元漁師やご家族の方々。本当にありがとうございました。

語り続けないといけない、そのことに尽きます。

２０２１年冬

甫木元空

略歴

甫木元空　ほきもと・そら
映画作家

1992年埼玉県生まれ。多摩美術大学映像演劇学科在学中に教授の映画監督・青山真治を通して映画に触れる。2016年に監督・脚本・音楽を手がけた長編映画「はるねこ」は全国劇場公開を果たし、第46回ロッテルダム国際映画祭コンペティション部門をはじめ国内外の複数の映画祭に招待された。17年、祖父の住む高知県四万十町に移住。19年にはバンド「Bialystocks」を結成、ボーカルおよび作詞作曲を担当する。20年に須崎市のアート事業「現代地方譚8」の総合ディレクターを務めた。

21年、すさきまちかどギャラリー／旧三浦邸で開催した初個展「その次の季節」で、高知県在住のビキニ事件被害者に取材した作品を発表して注目を集めた。事件については今後も追加取材を行い、ドキュメンタリー映画として劇場公開予定。映画による表現をベースに、ジャンルにとらわれない多彩な活動を続ける。

・・・

大崎二郎　おおさき・じろう
詩人

1928年高知県須崎市生まれ、2017年没。1941年須崎工業学校（現・高知県立須崎総合高等学校）に入学。44年学徒動員により高知県造船所を経て中国・天津や蒙疆の炭鉱で技師として働く。終戦後45年に帰国。46年から高知新聞や複数の詩誌で詩の発表をはじめる。53年に第一詩集『その次の季節』を刊行。56年『山河』の同人となる。63年には西岡寿美子と隔月刊の『二人』を創刊した。

代表的な詩集に、土佐和紙の紙漉き職人に着想を得た82年の『走り者』（小熊秀雄賞、壺井繁治賞）や沖縄の侵略史を描いた92年の『沖縄島』などがある。社会派詩人として高知を拠点に活動し、詩作を通して日本の戦争責任や平和への願いを訴えた。「南洋にふる雪　―ある漁船員の死―」といったビキニ事件にまつわる詩も残している。

・・・

廣江俊輔　ひろえ・しゅんすけ
元新聞記者

1986年広島県生まれ、高知県在住。詩誌「ONL」同人、高知詩の会会員。早稲田大学で建築、一橋大学大学院で社会学を学び、朝日新聞記者として5年間勤める。喫茶店経営を経て、2020年4月から朝日新聞高知版にエッセイ「異郷異聞」を連載。

塚本 麻莉 つかもと・まり
キュレーター／高知県立美術館学芸員

1989年大阪府生まれ。愛知県立芸術大学美術学部芸術学専攻卒業、東京藝術大学大学院美術研究科文化財保存学専攻修了。16年より高知県立美術館に学芸員として勤務。

企画した主な展覧会に、「収集→保存 あつめてのこす」（高知県立美術館、2020年）、「アーティスト・フォーカス#01竹崎和征 雨が降って晴れた日」（同、2020年）、「方庭にあそぶ 高崎元尚×川鍋達 Play on Quadrangles」（すさきまちかどギャラリー／旧三浦邸、2020年）、「甫木元空 個展 その次の季節」（同、2021年）などがある。

• • •

Corey Fuller コリー・フラー
サウンド・アーティスト／ミュージシャン

1976年アメリカ生まれの日本育ち、現在は東京を拠点に活動する。NYの老舗レーベル12kよりソロ名義のほか、ILLUHA、OHIO名義などで数々のアルバムをリリース。世界各地をツアーで周り、坂本龍一、山本信一、Taylor Deupree、Stephan Mathieuなど様々なアーティストと作品を発表している。マルチメディア作品、インスタレーション、パブリックアート作品、空間音楽作品も発表しており、「自然とテクノロジー」「静寂」などをテーマに、型に嵌めることなくボーダーレスに活動の場を広げている。

https://www.coreydavidfuller.com

• • •

牟田口 景 むたぐち・ひかり
音響設計／WHITELIGHT

2010年6月にWHITELIGHT（ホワイトライト）を設立。「重力の束縛から魂を解放する」ことを目的として活動。手段として、マルチチャンネル音響設計、音源製作、オリジナルサウンドシステム開発を専門とし、商業施設からコンサート、ライブ、演劇、美術の分野で音響設計を手がける。20年、KOMAKUS名義で須崎市の「現代地方譚8」にレジデンス・アーティストとして参加。

http://whitelights.jp/

• • •

山下 正寿 やました・まさとし
太平洋核被災支援センター事務局長

1945年高知県宿毛市生まれ。早稲田大学卒業後、高知県で高校社会科教師として30年勤務。83年に、高知県西部の高校生からなる「幡多高校生ゼミナール（幡多ゼミ）」を立ち上げ、顧問として活動。高校生らと共にビキニ事件関係者への聞き取り調査などを行い、事件の解明に大きく貢献した。現在、太平洋核被災支援センター事務局長。著作に『核の海の証言――ビキニ事件は終わらない』（新日本出版社）がある。

http://bikini-kakuhisai.jet55.com/

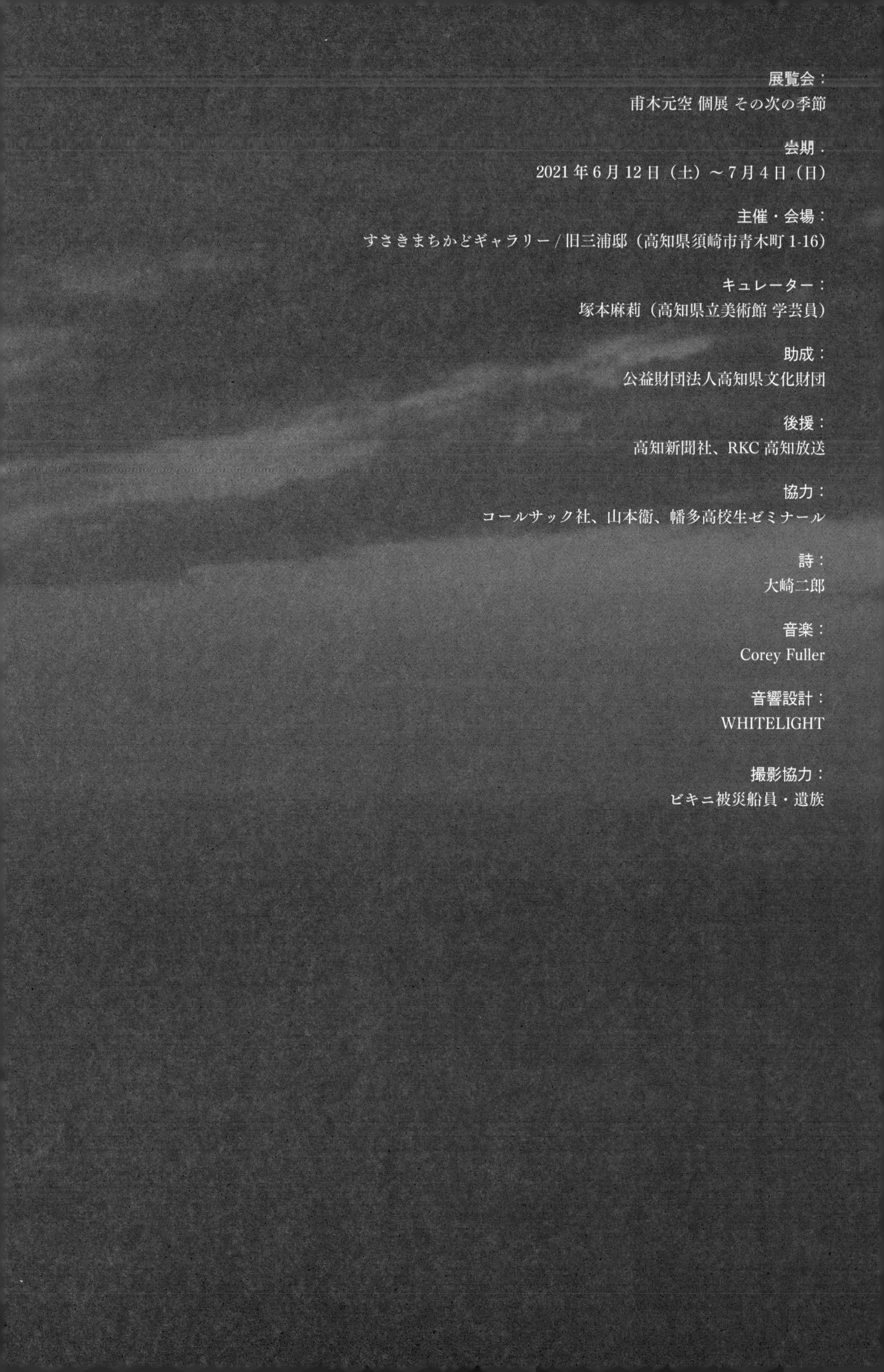

展覧会：
甫木元空 個展 その次の季節

会期：
2021 年 6 月 12 日（土）〜 7 月 4 日（日）

主催・会場：
すさきまちかどギャラリー / 旧三浦邸（高知県須崎市青木町 1-16）

キュレーター：
塚本麻莉（高知県立美術館 学芸員）

助成：
公益財団法人高知県文化財団

後援：
高知新聞社、RKC 高知放送

協力：
コールサック社、山本衛、幡多高校生ゼミナール

詩：
大崎二郎

音楽：
Corey Fuller

音響設計：
WHITELIGHT

撮影協力：
ビキニ被災船員・遺族

Exhibition:
Sora Hokimoto: *The Next Chapter*

Date:
June 12 - July 4, 2021

Organizers and Venue:
Susaki Machikado Gallery / Former Miura House
(1-16 Aoki-cho, Susaki City, Kochi Prefecture, Japan)

Curator:
Mari Tsukamoto (Curator, The Museum of Art, Kochi)

Supported by
Kochi Prefecture Foundation for Culture

Endorsed by
The Kochi Shimbun
Kochi Broadcasting Co., Ltd.

Cooperation by
Cole Sack Publishing Company
Ei Yamamoto
Hata High School Seminar

Poems by
Jiro Osaki

Music by
Corey Fuller

Sound design by
WHITELIGHT

Filming Cooperation by
The former fishermen and their families in Kochi

In the 1970s-80s, there were plans to build a nuclear power plant in Shimanto (formerly Kubokawa), but that is now a matter of the past as well.

Hearing first-hand accounts of the war from my relatives who live here, I realized that I probably belong to the last generation of people who get this chance, and connecting the history of my family as a part of history at large, told me that I myself was exiting within a chain of coincidences. The question what I am supposed to pick up and carry on as the "voices" gradually disappear, I am yet to answer.

Decades on from the Bikini incident, many of those concerned have already passed away. Those who are still alive are very old, and I felt how their distant memories were becoming increasingly vague in the process of being repainted with the information spread in the news and books. Meeting and capturing the images of victims of the incident was for me at once an opportunity to face the time that has passed since.

As someone whose life takes place after "the next chapter," I am planning to continue with my interviews, and ultimately make them into a feature length documentary film.

I would like to express my gratitude to everyone at the Hata High School Seminar, as well as Masatoshi Yamashita and Ikuo Hamada, for their considerable help so far.

Further thanks go to Hisao Suzuki at Coal Sack Publishing Company, the publisher of Jiro Osaki's collected poems; Shunsuke Hiroe for his writing; Hirofumi Takahashi for taking documentary photographs at the exhibition; Naoya Takemura for designing everything from materials promoting he exhibition to this book; poet Ei Yamamoto for introducing me to the local dialects and poems of Kochi, and even reciting for me; Corey Fuller for creating the soundtrack for this work; Hikari Mutaguchi at WHITELIGHT for taking charge of sound design; Tatsushi Kawanabe, Hogget Sasaki and Junko Ono at Susaki Machikado Gallery / Former Miura House for their technical support with designing the venue and projection devices; Mari Tsukamoto, curator at The Museum of Art, Kochi, for her curation and fundamental support of my work; and finally, Chie Masuda at "this and that," the publisher of this book. There were in fact so many individuals involved in the realization of the exhibition and the publication of this book, that it is impossible to name them all here. I am deeply thankful to every one of them.

Finally, a big thank you to the former fishermen and their families in Kochi, for their plain accounts illustrating their experiences.

All that remains to be said is that this matter remains to be talked about.

Winter 2021

Postscript

Sora Hokimoto

Poet Jiro Osaki passed away in 2017, the year I moved to Shimanto. I never had the chance to meet him, but thanks to the accounts of several people who knew him, I roughly understood what kind of person he was. While witnessing the abuse of Chinese workers, Osaki experienced the defeat in war in mainland China. Probably inspired by that experience, and conscious of the position of Japan as an island country, he assumed a unique perspective on "Japan as seen from the Asian continent," and went on to create numerous poems regarding various positions also beyond those of "victims" and "assailants." Osaki's views have come to serve as reference also for my own creative work.

As part of the fieldwork conducted by Masatoshi Yamashita and the "Hata Semi" that he was heading, high school students visited aging local men and women, and asked them to tell them about "the land, its history, and life there." Quite unexpectedly, their accounts revealed some people's experiences with exposure to radiation in what came to be known as the Bikini Incident. To me, their endeavors seem to be partly overlapping with the achievements of folklorist Tsuneichi Miyamoto for example, who walked around areas across Japan to conduct interviews with the local people.

Such efforts to collect "our ancestors' voices" are what served as a clue for myself when I began to film these people.

My attention was first drawn to these "voices" through a casual conversation with my grandfather, on past family matters that one normally doesn't have many occasions to talk about formally.

Every day at 5 PM, it was time for my 90-year-old grandfather's evening drink. Along with sashimi of yellowtail and flying fish, he would empty a can of beer, and then three cups of *shochu* mixing seven parts hot water and three parts liquor.

—*When I was a little boy, it must have been around 1937, they wired our house so we could listen to the radio. We didn't know how to use it though, and in the beginning there was nothing but static. But the number of radios in the house gradually increased, and we got vacuum tube radios, and transistors I think. We listened to "Jewel Voice Broadcast" at home.*

We only heard static noise at first, but for some reason my tears just came naturally. At the time, the Americans were frequently dropping incendiary bombs trying to locate the right place to land, in Okinawa or in Kochi. I think they came from B-29s. They were sounding out the territory. We often saw the glistening planes. I guess the idea was to invade from the coast at Ogata near Nakamura. There were rumors that they were going to land in Ogata. The Japanese soldiers were patrolling around there, you know, carrying fake wooden guns. When I saw that, I felt that we were going to lose the war. Really! Then came the Battle of Okinawa, they dropped the atomic bomb, and that was that. I think it was the following year, 1946, when the Nankai earthquake hit, right in the cold of December. We actually got away with just some tiles falling from our roof. People from the neighborhood made fires in the fields and cuddled around them to warm their bodies.

My grandfather sputtered and griped as he jumped back and forth in his account, accompanied by a couple of drinks.

—*I'm not in this world for very long. I only have a short time left. It's hard, but as long as I can drink, there's nothing to complain. This is my fountain of youth.*

During his work, Hokimoto referred to Jiro Osaki's approach to history, and to the practices of the Hata Semi and other people who conducted on-site field work and listened to the voices of the locals. Seeing the complex state of mind of those concerned, which he understood by the troublesome and time-consuming method of "meeting and talking" to them, Hokimoto decided to avoid constructing his work so that it projects some kind of answer, but instead leave the conclusion open. After all, there are things that can only be discussed this way.

As is the case with the artist himself, there is no direct connection between myself and the incident, so I only learned about the existence of "hibakusha" in Kochi through this project. Nonetheless, when standing in front of the works at the exhibition venue, I caught myself holding my breath. Neither depending on activism nor on a moving narrative, to some viewers the movie may even feel boring, but in my case, there were moments when my eyes seemed to meet the old fishermen's transparent stares as they looked back at the one who filmed them. Even though this was of course a subjective impression, the sensation of my eyes intersecting with the reality of a human person inspired me to think about an unrelated event as something much closer to my own sphere. It showed me how, in the realm of art, it is possible to communicate memories without sending out vociferous messages.

Today, all of the former fishermen who got exposed to radiation during the Bikini incident, are over 80 years old. Another ten years from now, there will be few opportunities, if any, to hear first-hand accounts. Here is a filmmaker who looked back on past times and, about to enter a new chapter, sowed new seeds for consideration while making full use of the exhibition venue's local characteristics. How to nurture these seeds is now up to us, who are living the current chapter, as the latest sequel to all the previous ones.

The word "camera" as a filming apparatus is derived from the term "camera obscura," and it surely isn't entirely useless to remember that this Latin expression literally means "dark chamber." Accordingly, this would mean that here the visitor is inside a camera/chamber, and stands face to face with exterior sceneries seen through the windows – faces of witnesses of history, placed within their reach yet far away.

In the same way that the narrators' views are not uniform, the displays inside the Japanese style space, with music that was not synchronized to the visuals, and with the additional effect of environmental sounds from outside, were constantly subject to fluctuation. With this exhibition of works that incorporate the venue's locality, the artist created an environment that is open to various interpretation, and that appears in different shades of colors depending on how one understands the protagonists' accounts.

IV Conclusion

From the time of the Bikini incident up to the present, artists in Japan and abroad have been creating works dealing with the incident, or with the Daigo Fukuryu Maru as a symbol of nuclear damage, by various approaches. Artworks themed on the incident often carry anti-nuclear messages that express anger about nuclear arms and the sacrifice of innocent lives, and desire for peace at the same time. One can indirectly read such kind of message also from the first-hand accounts in Hokimoto's work, however the statements themselves are not what the work is about in the first place. As it does not offer a clear message or conclusion, it leaves room for the viewer's own interpretation and imagination, and thus inspires people to reflect on the matter. Being a curator myself, this is exactly the point that I like to endorse.

The exhibited works offer a glimpse into a reality in which even the fishermen themselves, who got exposed to radiation after all, question what happened to them. Having each spent the decades that followed in their own ways, before the incident was once again pulled into the spotlight, they were doubtful as to whether the causes for their own illnesses or their children's disabilities were to seek entirely in the incident. The effect on the human body of radioactive rays that one cannot see, taste or smell, varies from one person to another, and so does the way they deal with the incident, depending on their fear of harmful rumors and discrimination. All of them are victims, but those among them who differ with, or even put pressure on other victims, make the relationship so complicated that it becomes difficult to draw a clear line between those who suffered damage, and those who caused it. And then there is the additional aspect of time. Not only do memories fade as time passes, but it also happens that, as a result of self-objectification, one confuses one's own memory with someone else's experiences that one knows from hearsay, to the extent that people can't even say for sure what actually happened to themselves.

ten-mat space in the back of the Japanese style interior. In contrast with "*Faces*," which was conceived as a spatial installation, the idea behind this documentary short film – titled like the movie's pilot version – was to screen it in front of a seated audience.

Despite the short length of 15 minutes, it reveals glimpses of the lives of those affected by the Bikini incident. Hokimoto accomplished this by inserting countless shots of sceneries of Muroto, many of which are accompanied only by the protagonists' spoken testimonies. The collimation of the camera was adjusted to landscapes that convey an overwhelming sense of time and transition: strangely shaped rocks and waves beating the shore at Muroto Cape, as a backdrop for a fisherman who had to learn to live with people's heartless glances only because he was involved in the incident; light from the lighthouse, and the sea illuminated by the setting sun, illustrating episodes of a fisherman who told himself it was a rainbow when he witnessed the explosion of the h-bomb test; various types of tombstones and guardian deities, accentuating reminiscences of a widow about her late husband's stories of his mates on the fishing boat. The inserted sceneries function as spokesmen that silently yet suggestively embody all those years that have accumulated in the narrators' lives.

The individual scenes are connected by a necessity that is only known to the artist himself. In other words, the sequencing is not based on logical calculation, but on Hokimoto's own intuitive choice and composition of materials. Through skillful editing, intertwining chance and necessity, Hokimoto joins together pieces that would otherwise tend to look prosaic, to create a movie with great poetic appeal.

Meaning of the Location

The displays of the three works were designed to match the geographical and architectural character of Susaki and the Former Miura House respectively, whereas using the location's characteristics as an additional component was a way to add a new layer to the works' semantic structure.

"*Voices*" opened the exhibition by highlighting the region's characteristic properties, inspired by the poet Jiro Osaki. The place the visitor stands at is the Former Miura House's warehouse. The warehouse is located in Susaki, which is Osaki's hometown, and besides that, a harbor town near the coast. This is how the venue of this exhibition evokes a chain of ideas regarding the location and its meaning.

"*Faces*" and "*The Next Chapter*," which were shown at the main house, owe much of their effect to the architectural space of the Former Miura House. In "*Faces*" in particular, the space's functions were innovated – though only temporarily – by using screens to replace partitioning fixtures as a characteristic aspect of Japanese style interior architecture. Installed on the boundaries between exterior and interior, the screens prominently functioned as "windows" that either connect or separate the venue and the protagonists' respective locations, and thereby transformed the entire interior space into one large "memory playback device."

into a piece that functions as a "listening warm-up" of sorts for understanding the local accents in the final movie, and at once also as a hook that illustrates the location's unique character.

Faces

"*Faces*" and "*The Next Chapter*" are a pair of site-specific works comprising interview footage shot by the artist during the time up to the exhibition, in addition to the original video material that became the movie's pilot version. Both incorporate 15-minute-long videos that were alternately shown inside the exhibition space.

The video installation "*Faces*" utilized three vertical screens that were inserted in the positions of sliding doors in the Japanese style interior. Continuously appearing on these screens were close-up shots of faces of persons concerned by the Bikini incident, while they simultaneously talked about their memories related to the incident. The biggest difference between this and the pilot version is that the projected images in "*Faces*" are overlapping, which is why the narrators' silhouettes are unsteady and shaky.

At the exhibition, the narrations were accompanied by a combination of melodic instrumental music and environmental sounds. The music was composed by Corey Fuller, a sound artist who sympathizes with Hokimoto's work. Mellow phrases played on cellos and other instruments, were interspersed with sounds of waves and underwater recordings that Fuller himself made in Muroto. Superimposed onto the narrators' voices, the musical accompaniment lyrically enhanced the atmosphere at the venue, while also functioning as a continuous bass between the video sequences that holds the work together. However, as the music was not synchronized to the narrations, the combinations of images and sounds kept changing, so that the same scene never played twice with the same musical accompaniment.

As a prerequisite for the sound design in general, this offset effect strangely harmonized with the Japanese style tatami flooring, and almost made me feel comfortable in this space. Furthermore, as the work used directional speakers, the soundscape was perceived differently depending on the visitor's position in the room. When standing close to the screens, it was possible to discern and focus to some extent on the voices of the respective narrators appearing on them, but as the three screens were positioned several meters away from one another, standing right in front of any one of them automatically also meant turning one's back on at least one of the other two. Visitors who wanted to catch as much of the narration as possible could only do so by walking around in the spacious venue. Actively moving in front of the shaky images was how they re-experienced in a way the artist's practice, traveling from one place to the next in order to meet those affected by the incident.

The Next Chapter

"*The Next Chapter*" is a single-channel video work that was shown in turns with "*Faces*" in a

Machikado Gallery / Former Miura House" in Susaki, and when we approached him - also with the idea in mind that Susaki is Jiro Osaki's hometown - he agreed to plan an exhibition in early 2021.

In June 2021, about half a year after the initial screening of the movie's pilot version, the exhibition finally materialized at the gallery.

III Three Works

Susaki Machikado Gallery / Former Miura House is a wooden house that was built for a merchant's family in the Taisho era. As the latter part of its name suggests, the building once accommodated the "Miura Shoten" store. At this exhibition, works were put up in Japanese style rooms in the main house that still retains some features from the time it served as a store, and in a warehouse in a separate building. **[Fig.p.87]** Exhibited were the three works "*Voices*," "*Faces*" and "*The Next Chapter.*"

Voices

Functioning as an introduction, "*Voices*" was exhibited at the warehouse in the form of a sound installation that was inspired by a few things the artist had noticed about local dialects. Set up in a dark room of about 16 m^2 was a mechanism that seemed to be made up of cinematographic tools, with light projected down from the ceiling, and slowly moving across the walls and floor. In this environment that felt a lot like the bottom of the sea, or the bottom of a ship, visitors listened to voices reciting two poems by Jiro Osaki, titled "*Umi* (*Sea*)" and "*Sakana* (*Fish*)."

The reciters were three Kochi residents of different ages and genders. When paying attention to their respective local accents, one could notice slight variations in their intonation. The installation outlined how, even though being from the same prefecture, people pronounce words differently in areas as different as Nakamura (Shimanto City), Muroto and Susaki. During his travels around the prefecture to interview residents about the Bikini incident, the strong accents of the old fishermen he talked to made Hokimoto realize how the dialect slightly varied by region. Continuously handed down through the generations while gradually changing over time, local accents have been ingrained in people's lives, and here it becomes clear that dialects cannot be mapped by simply drawing lines between different prefectures and administrations.

Hokimoto demonstrates by way of Osaki's poems the meaning of a local accent as an aspect of indigenous culture, whereas the work's background is defined not only by the historical event of the Bikini incident, but also by the artist's interest in the local people it concerned. The things he realized through the interviews with them, Hokimoto channeled

They talk about the poor times of their childhood; about how and why they ended up on fishing boats; about the toughness of their work, and about their families. They share their private memories, the joyful ones and the sorrowful ones, while referring to the incident and other daily occurrences in the same breath. Between the lines, their statements imply that they are perfectly ordinary citizens for which the term "hibakusha" - referring to persons who got exposed to radiation - with its negative connotations of defeat through war and nuclear weapons, is not an appropriate description. At the same time, shots of decorative photo frames and children's drawings, and garden sceneries complete with laundry poles, are inserted at key points in the movie, to conjure up images of the modest lives that these people are leading today, and to set the movie as a whole in a lucid kind of light.

It ends with a scene of a butterfly taking off from a leaf in the sunlight, after which the screen goes dark for the credit roll. Next to the production credits, Jiro Osaki's poem "*Sea*" appears on the screen as well. When talking to the director after the presentation, he explained that the movie references Osaki's poems not only during the credits, but the title itself, "*The Next Chapter*" was in fact borrowed from the title of Osaki's poem, "*Sono tsugi no kisetsu* (literally meaning "*the next season*")."

Jiro Osaki is a poet from Susaki City in Kochi Prefecture, born in 1928. As part of the student mobilization during the war, Osaki was dispatched to a prefectural shipyard, and from there to China, where he worked as an engineer in coal mines in Tianjin and Mengjiang. Upon returning to Japan after the end of the war, he composed numerous poems in which he squarely addressed the war responsibility of Japan. He conscientiously faced the tragic truth that is hard to look at, and carefully investigated and discussed the situations of ill-treated citizens in Okinawa and Hiroshima, where the conflict between Japan and the US had claimed large numbers of victims. Besides this, he also wrote poems themed on the Bikini incident, such as "*Nanyo ni furu yuki - aru gyosen-in no shi* (*Snow in the South Sea - Death of a fisherman*)." Many of his works are themed around the sea, which is probably related to the fact that he was born in a harbor town.

Neither the bright and forward-looking phrase "*next chapter*," nor the poem "*Sea*" that compares the vastness of the ocean and the fleetingness of human life, make direct reference to the Bikini incident. Nevertheless, assuming the issues of completely unrelated people in the past as something that concerns himself, and quoting the lines of a poet who continued to fight against the forgetting of negative history, is how Hokimoto chose to express his own views on the incident as an artist. The ambiguous quality of the movie itself, being a documentary on a subject that involves open political questions related to exposure to radiation and compensation, but without its creator's opinions being stamped all over it, is what attracted my interest, also as a curator who is involved with contemporary art.

When interviewing Hokimoto in December 2020 about the future direction of his work, he signaled an interest in using available spaces for exhibitions. He and myself had both previously worked with Tatsushi Kawanabe, the director of the art space "Susaki

The Movie "The Next Chapter – Hibakusha and Memories of Deep-Sea Fishery in Kochi 2020"

I watched the movie when it was first presented. It is 69 minutes long, composed of testimonies and images taken from the daily lives of Kochi residents affected by the Bikini incident. Following the title sequence that fills the screen for a few seconds with a picture of the horizon and the sound of waves in the background, the movie starts with a daily life kind of scene in a private house. A group of people interview an elderly man who holds an old seaman's pocket ledger. He must be in his 80s. The man's strong dialect makes his accounts hard to understand, but I managed to catch single words such as "boat" or "compass." The next scene, once again in an indoor setting, introduces another man of advanced age. He sits in front of a window, and that back light emphasizes his facial features to add a strong sense of presence to his appearance.

—*We cried.*

—*Just when we came back happy to be of use for our families, they said we have to throw the fish away because of radioactive contamination.*

He talks in a strong dialect as well, as he illustrates the various circumstances surrounding his voyages on the sea. The next scene features yet another old man, and so does the one after that. They are all former fishermen who got exposed to radiation during the Bikini incident.

—*No-one ever told us they were doing tests at the Bikini Atoll.*

—*And they never asked us to seek a doctor's advice.*

One after another, the men deliver their testimonies without any additional narration, musical accompaniment or sound effects. The interviews were all shot at the respective men's homes, which is probably also why they show no stiffness at all as they speak and act naturally in front of the camera. A woman appears as well, and from her comments I concluded that she was the widow of a fisherman.

—*We had totally forgotten about it. Even my husband himself. He was very, very ill though. But he didn't blame that on the incident. It never occurred to him that it might have to do with what had happened.*

—*We were told not to tell anyone about our fathers' experiences.*

With the exception of the opening scene, the movie basically consists of Hokimoto's conversations with his interviewees, filmed by the director himself. As it was entirely shot with a hand-held camera, the picture is slightly shaky from beginning to end, and oftentimes out of focus. Hokimoto's questions are largely edited out, leaving only the protagonists and their narrations that gradually reveal the circumstances surrounding the incident. However, the accounts of these old fishermen are not limited to memories of the incident itself.

—*When I was on the boat, I didn't expect to get back home alive. But I was doing my job nonetheless, because I was a fisherman with heart and soul.*

—*I used to play in the water, swimming and boating when I was a kid.*

—*My grandchildren, there are two of them, and we need to feed them you know.*

The case of the young fisherman's death was what primarily inspired the high school students to inquire further into the matter. They made the rather long trip from the Hata region to Muroto, in order to conduct interviews. The fishermen and other locals concerned with the fishing industry they talked to were skeptical at first, but once they understood that this project was initiated by students who "only wanted to know the truth," with no profits or interests involved, the initially close-mouthed old men gradually began to speak.

The memories of the time before and after the incident that they revealed had a shocking effect across the board. In Kochi, where the students' field work resulted in the "discovery" of h-bomb victims, investigations continued, to ultimately expose the true circumstances around the Bikini incident.

II The Exhibition

A Filmmaker and the Bikini Incident

In June 2021, 36 years on from the high school students' first investigations, Kochi resident filmmaker Sora Hokimoto showed the exhibition "*The Next Chapter*" themed on the Bikini incident, at a venue called "Susaki Machikado Gallery / Former Miura House" in Susaki City. Being related to the activities of the aforementioned Hata High School Seminar, the works on display were in equal parts autonomous artistic creations, and records of testimonies by victims of the incident.

Let me explain briefly, from the perspective of someone who was directly involved as a curator, how that exhibition came together.

Influenced by his father's work as a playwright, Hokimoto himself had gained some basic knowledge related to the Bikini incident, however what he didn't know was that there were former fishermen in Kochi who got exposed to radiation. He was inspired to address this subject when he made the acquaintance of Masatoshi Yamashita, a former high school teacher who served for many years as an adviser at the Hata Semi. Hokimoto was introduced by Yamashita to several persons affected by the incident, including former fishermen and their surviving families, and started filming the interviews he conducted with them in Kochi. He wasn't initially thinking of an artistic work, but the idea was primarily to capture these old men and women on film, so the concept must have crystallized step by step in the course of Hokimoto's frequent visits with his camera. In December 2020, he independently unveiled in Kochi a pilot version of the documentary movie that marks the beginning of this project※.

※ "*The Next Chapter - Hibakusha and Memories of Deep-Sea Fishery in Kochi 2020*" was shown as a movie directed by Sora Hokimoto on December 12 & 13, 2020, at the Minken Hall of the Kochi Liberty and People's Rights Museum.

fishing boat from Yaizu, Shizuoka, that operated outside of the danger zone designated by the US, witnessed the explosion, and all crew members were eventually showered with the ashes. And the Daigo Fukuryu Maru was not the only ship that suffered damage. Several other tuna boats from different parts of Japan, all on their way back from fishing alongside the Daigo Fukuryu Maru, were ultimately forced to dispose of their entire "atomic tuna" catch, which led to confusion on the market, and ultimately, sharply dropping tuna prices.

The incident cast a deep shadow on the fishing industry in Kochi. In April of the same year, news emerged that radioactivity was detected in the catch of tuna boats from Muroto and Yasuda, whereupon numerous fishing boats from Kochi were ordered to dispose of the tuna they had caught.

On September 23, the death of Aikichi Kuboyama, formerly chief radio operator on the Daigo Fukuryu Maru, fueled the public discussion on a ban of atomic and hydrogen bombs, and tensions between the Japanese and US governments intensified. In January 1955, the Ichiro Hatoyama Cabinet opted for a political settlement, accepting an ex gratia payment from the US to ensure that a curtain was drawn over the nuclear damage caused by the h-bomb tests and the Bikini incident, not long after it had become public.

Regardless of the fact that they were exposed to radiation, the fishermen of the respective regions did not receive sufficient compensation, let alone "a-bomb victims record books" like those given to the victims in Hiroshima and Nagasaki. At places like the deep-sea fishing base in Muroto, the feudalistic local structure and the hierarchy in the fishing business prompted many fishermen to refrain from pressing charges, for fear of harmful rumors. There was nothing to be gained from talking loudly about the damage suffered. Fishermen with a catch that doesn't sell are unable to make a living, and those who report their exposure risk the discrimination of their entire families. So they kept quiet, for mere survival.

The "Discoveries" of 1985

Those who dug up the half-forgotten memories related to the Bikini incident in Kochi were no national or local government officials, and no activists. They were high school students and teachers.

In 1983, students in the Hata District in the western part of Kochi launched the "Hata High School Seminar (Hata Semi)," a group that engaged in various local investigations and peace studies on a voluntary basis. During their investigations into the region's history through field work, in 1985 the members encountered an old woman in Sukumo city, who told them about her own and her son's exposure to radiation in Nagasaki. Having worked on a tuna boat for some time, after Nagasaki the son got exposed once again at the Bikini Atoll, and the pains caused by this double exposure ultimately led him to take his own life. Shocked by this unexpected account, the students and their teachers focused their research on the surroundings of the deceased man, and found out that he was not the only person who got exposed to radiation at the Bikini Atoll.

Shifts and Ambiguities

Mari Tsukamoto (Curator, The Museum of Art, Kochi)

Muroto is a place where nature makes itself felt densely and forcefully, compared to the power of humans.

I visited the Murotsu Port in Muroto City on July 5, 2021. Located at the southeastern tip of Kochi Prefecture, and facing the Pacific Ocean, the town is small but has numerous harbors and fishing ports. Murotsu is one of them. As earthquakes cause the seabed in the region to rise, Murotsu Port has been deepened every time the water got too shallow. As a result, the sea level at the port is already significantly lower than the residential areas surrounding it, which is why the local people refer to the area as being "above the port." In the 1950s, shortly after the war, the port flourished as a deep-sea tuna fishing base. Fishermen who returned with their catch from their hard and long working day on the sea, would enjoy their short breaks at restaurants above the port.

One day in March 1954, several tuna fishing boats left Murotsu and other ports, in the hope to find better fishing grounds out in the open sea. The men on these boats worked day and night, and literally at the risk of their lives, eating the tuna they caught, and using the occasional squall as a shower.

That was when the ashes rained down on them.

I The Bikini Incident and Discoveries in Kochi

The 1954 H-Bomb Test

After the end of World War II, the Cold War situation continued with a fierce nuclear arms race between the United States and the Soviet Union. In '54, the US carried out the "Operation Castle," an h-bomb test with the aim to develop smaller and more effective nuclear weapons, at the Bikini Atoll and the Enewetak Atoll in the Marshall Islands, located in the central Pacific Ocean.

Of the six tests in total that were conducted between March and May, the most well-known is certainly the Bravo test at the Bikini Atoll on March 1st. A hydrogen bomb exploded with 1,000 times more power than the atomic bomb that was dropped onto Hiroshima, and released large amounts of radioactive "ashes of death" into the atmosphere. At the time, the crew of the Daigo Fukuryu Maru (Lucky Dragon No. 5), a deep-sea tuna

Foreword

Sora Hokimoto (Filmmaker)

Let me begin by briefly introducing myself. My name is Sora Hokimoto, I was born and raised in Saitama, but moved to my mother's home town of Shimanto in Kochi Prefecture in 2017, where my grandfather still lives today. At present, in 2021, I am based here while engaging in creative work in the realms of cinema and music.

My late father was a playwright. During his lifetime, he was apparently working on plans for a stage production themed on the Daigo Fukuryu Maru (Lucky Dragon No. 5), a tuna fishing boat from Yaizu that was showered with the so-called "ashes of death" during the Bikini incident. He never got to realize that plan, but from the various books related to the Bikini incident and nuclear damage that he left behind, I had gained some basic knowledge of the matter myself. What I didn't know at the time of my relocation, was that there were people in Kochi who had been exposed to the radioactive ashes.

The occasion that prompted me to relocate to Kochi was an encounter with Masatoshi Yamashita, a former high school teacher from Kochi. Back when he was still working as a teacher, Mr. Yamashita was an advisor for the self-study "Hata High School Seminar (Hata Semi)" for high school students in the southwestern part of Kochi. Through his and his students' continuous communication with local victims, he made a significant contribution in terms of people's understanding of the damage caused by the Bikini incident.

I happened to have a chance to talk to Mr. Yamashita during a filming session, and that was where I learned about the existence of Bikini victims in Kochi. My first idea was that it would be important to capture the memories of those people, so I asked Mr. Yamashita to introduce me to some of them so I could conduct interviews.

The victims, and their bereaved families, started talking about the incident quite naturally, as if opening a specially tagged page in the memories of their lives. In response to this, I decided that directly asking them to "tell me about the Bikini incident" was one thing that I should avoid doing during these interviews. What I was looking for, were not the testimonies of symbolic "victims," accounts of their lives, their families, or their experiences as fishermen. I wanted to capture the traces of how ordinary people today have been involved in an incident that occurred 70 years ago.

"*The Next Chapter*," the title of my work and the name of this exhibition, is taken from the title of the first collection of poems by Jiro Osaki (1928-2017), a poet from Susaki in Kochi Prefecture. His book "*Sono tsugi no kisetsu (the next season)*" was published in 1953. Osaki was dispatched to China during the "student mobilization," and started writing poems after returning to Japan after the end of the war. That is why he created his works while pondering, through his own experience, what "the next chapter" would look like, following that of a miserable wartime.

Being born in the Heisei era (1989-2019) myself, I belong to the second or third generation after that, and since we are at a point when the voices of those who have experienced the war are about to fade away, I feel that these may be the last words that we hear, but in this sense, they may as well also be the first words.

その次の季節
高知県被曝者の肖像
2021年12月28日　初版第一刷発行
2023年10月20日　第二刷発行

著　者　甫木元空

編　集　塚本麻莉
　　　　増田千恵

詩　　　大崎二郎
寄　稿　塚本麻莉
　　　　廣江俊輔
鼎　談　コリー・フラー
　　　　牟田口景
講　義　山下正寿

翻　訳　アンドレアス・シュトゥールマン
会場撮影　高橋洋策
　　　　（pp.12-21, 87, 107-110, 115）

デザイン　Takemura Design & Planning
印　刷　弘文印刷
製　本　篠原紙工

発行者　増田千恵
発行所　this and that
　　　　愛知県常滑市大野町 7-75-1
　　　　https://tat-pub.stores.jp/

Printed in Japan
ISBN978-4-9910062-3-4　C0070

The Next Chapter
Portraits of Hibakusha in Kochi
Published on 28 December, 2021 first edition
20 October 2023, second impression of the first edition

All artwork: Sora Hokimoto

Edited by Mari Tsukamoto, Chie Masuda

Poems by Jiro Osaki
Contributed by Mari Tsukamoto,
Shunsuke Hiroe
Discussion by Corey Fuller, Hikari Mutaguchi
Lecture by Masatoshi Yamashita

Translated by Andreas Stuhlmann
Photographer: Hirofumi Takahashi
(pp.12-21, 87, 107-110, 115)

Designed by Takemura Design & Planning
Printed by Kobun Printing Co., Ltd.
Bound by Shinohara Shiko Ltd.
Publisher: Chie Masuda
Published by this and that
7-75-1 Ohno-cho, Tokoname-shi, Aichi, Japan
https://tat-pub.stores.jp/

Printed in Japan
ISBN978-4-9910062-3-4　C0070